СТІНИ В МОЇЙ ГОЛОВІ

Відгуки про книжку

Ця книжка викликає професійні ревнощі на кшталт: «Чому не я це сказала?».

Її можна похвалити за те, що вона написана для широкої аудиторії — бо я майже не знаю людей без тривог, страху, депресій. Можна похвалити за те, що вона написана простою мовою — бо психологи дуже рідко говорять так, щоб їх зрозуміла людина без вищої дидактичної освіти.

Але я хочу похвалити її за інше: вона не тільки пояснює, як і з чого виростають тривожність і страхи, як протікає депресія і як це лікувати, але й розповідає, як до цього пристосуватися, адаптуватися й жити якісніше, ніж раніше.

Наталя Підлісна, *психологиня,*
авторка книжки «Про жінок.
Психологія змін зрілого віку»

Я спробувала прочитати цю книжку очима людини, яка має проблеми, описані в ній. Книжка пояснює і дає потрібну інформацію, а ще примушує розмірковувати, відчувати, пригадувати, уявляти, тобто вже здійснює певну психотерапевтичну роботу.

Як системний сімейний психотерапевт, я сподіваюся, що вона також потрапить до рук близьких людей тих, хто має ці проблеми, — бо точно знаю, скільки труднощів виникає в сім'ях через те, що оточення не розуміє поведінки близької людини і неправильно її інтерпретує. Правильне розуміння симптомів може сприяти тому, що буде надана підтримка і можна буде уникнути повторної травматизації.

Олена Добродняк, психологиня, системна психотерапевтка (Реєстр УСП та ЄАП), навчаюча психотерапевтка та супервізорка в напрямку «Системна сімейна психотерапія» Української Спілки Психотерапевтів, голова навчального комітету секції системної сімейної психотерапії УСП, співзасновниця та керівниця напрямку «Системна сімейна психотерапія» в Українському Психотерапевтичному Університеті

Володимир Станчишин

СТІНИ В МОЇЙ ГОЛОВІ

Жити з тривожністю і депресією

Видання 2-ге, виправлене

віхола

Київ · 2024

УДК 615.85(0.062)
С76

Станчишин Володимир

С76   Стіни в моїй голові. Жити з тривожністю і депресією/ Володимир Станчишин. — 2-ге вид., випр. — К. : Віхола, 2024. — 208 с. — (Серія «Психологія»).

ISBN 978-617-7960-02-6

Уявіть, що на вас чекає побачення вашої мрії, але ви — не надто впевнена в собі людина. Ви знаєте, що ваш партнер або партнерка — вершина всіх ваших фантазій, тож маєте бути в найкращій за все своє життя формі. Чи тривожить вас ця ситуація? Якщо ні, закривайте цю книжку й купіть порадник «Як навчитися не брехати». Якщо так, вітаємо в клубі «тривожних пацієнтів».

Книжку Володимира Станчишина «Стіни в моїй голові» присвячено тривожності, депресії, соціальним фобіям, різним психічним розладам, які більшою чи меншою мірою впливають на звичний спосіб життя людини в соціумі. Вона не вилікує вас від неприємних станів, але допоможе зрозуміти — жити з ними можливо. Усі ми, стверджує автор, є тривожними, і в цьому немає нічого надзвичайного. Головне — зрозуміти, що тривога супроводжує нас усе життя й відіграє свою важливу роль у нашому існуванні.

УДК 615.85(0.062)

ISBN 978-617-7960-02-6

Зміст

Вступ 13

1. Усі ми тривожні 15
   Поняття тривоги

2. Тікати чи не тікати 39
   Панічний розлад

3 Просто зроби це 63
   Соціальна фобія

4. Я все контролюю 85
   Обсесивно-компульсивний розлад

5. Стрибок у минуле 112
   Посттравматичний стресовий розлад

6. Просто бути поруч 147
   Депресія

7. Про психотерапію 187

Подяки 205

Моїй дружині Марії

Я все пропускаю крізь себе,
а треба крізь пальці...

Вступ

Я завжди хотів розповідати про психотерапію, бо так багато людей не знають, що можуть отримати допомогу, просто звернувшись до фахівця. Що наші тривоги й невеселі думки мають свої назви, що хтось, крім нас, їх теж відчуває, що ми не самі зі своїми труднощами і що є люди, які знають, як із цим давати собі раду.

У цій книжці я вирішив написати про тривогу й депресію, бо багато людей, які страждають від цих розладів, навіть не здогадуються, що з ними відбувається насправді. Коли ми знаємо — ми можемо вирішити, чи звертатися по допомогу, а ще я вірю, що знання визволяє.

Я не придумував методик, описаних у цій книжці, я вивчив їх в Українському інституті когнітивно-поведінкової терапії, багато розповідав про них своїм клієнтам, і разом ми вчилися долати тривожні розлади й депресію. Пізніше я став читати про них лекції й проводити семінари для людей, які хотіли краще зрозуміти психотерапію. Тепер я описую їх у цій книжці, аби кожен з нас міг знати, що психотерапія — це галузь науки, що спирається на клінічні дослідження й вивчає структуру нашої особистості, природу наших тривог і депресій. Вона ділиться цими знаннями й розробляє методики переживання певних життєвих ситуацій, опрацьовування травм дитинства, пошуку ресурсів на щодень і розрізнення того, де наші тривоги є реальними, а де — викликані досвідом чи спровоковані генетичною схильністю.

Я люблю психотерапію і вірю в психотерапію. Я знаю: коли здається, що ми надзвичайно самотні зі своїми проблемами, — це не так. У світі є багато людей, які відчувають те саме, що й ми. Ми — разом.

Гарного читання.

1 Усі ми тривожні

Поняття тривоги

Що робить нас щасливими?

Якщо вважати, що такими ми є у стані, коли все добре, то виявиться що насправді щасливими ми не буваємо ніколи. Завжди щось іде не так: на роботі проблеми, у дітей проблеми, у країні проблеми — з нами, тривожними людьми, увесь час щось трапляється. І причина навіть не в тому, що стаються якісь катастрофи, і не в тому, що ми весь час маємо бути невдоволеними, просто в нас постійно є нагода за щось та й попереживати. Чи не так? Бо якщо так — то, значить, усе окей, у ваших руках — правильна книжка. Книжка про нас, «тривожних пацієнтів».

Але повернімося до щастя: його завдання — приймати життя таким, у якому постійно стаються різні (не завжди позитивні) події, і робити нас задоволеними, незважаючи на те, що все майже завжди йде не за нашим, ну, майже геніальним, планом. Це також основне завдання *психотерапії*: не навчити НЕ тривожитися, а навчити *бути щасливим*, попри те що тривога супроводжує нас постійно.

Що таке тривога і для чого вона потрібна?

Тривога — це стан, у якому ми за щось хвилюємося, переживаємо, турбуємося. Здавалося б, навіщо вона потрібна? Чому її не можна відкинути й отримувати насолоду від життя? Насправді цей стан дуже потрібен, і ось чому.

Перше завдання тривоги — це сигналізування про небезпеку. Якби не було тривоги, ми ні за що не переживали би. Оскільки цей механізм у нас у голові є, то ми можемо хвилюватися, наприклад, коли переходимо дорогу на червоне світло, принаймні здатні подивитися у два боки: чи не їде машина, яка може нас збити? Уявіть, якби в нас не було вмонтовано в голові якогось тривожного елемента, який мав би нас захищати. Ми преспокійно переходили би дорогу в неналежному місці, якою летів би зі швидкістю 180 кілометрів за годину лексус, за кермом якого сидів би так само нетривожний водій. Ми не хвилюємося, він не хвилюється — і зовсім неважко спрогнозувати результати такої ситуації, авжеж? Грубо кажучи: якби не було тривоги, ми всі вимерли би. Тривога потрібна для того, щоб ми просто вижили. Це суперелемент, вмонтований у нашу голову Творцем, природою, чи що вам більше до смаку, і я певен: треба вміти дякувати нашій тривозі. (Ось вам перше домашнє завдання: 10 вечорів поспіль дякувати своїй тривозі за те добро, яке вона зробила для вас саме сьогодні.)

Друге завдання тривоги — мобілізація. Тривога мобілізує внутрішні ресурси, аби справлятися з небезпекою, про яку вона сигналізує. Це відбувається несвідомо — тіло наперед знає, що потрібно робити в ситуаціях загрози. До прикладу: якщо ви перегорнете сторінку цієї книжки, і з неї раптово вилізе страшнючий павук — ви автоматично її відкинете. Більшість із вас закричить, дехто намагатиметься того павука вбити своїм капцем (сподіваюся, ви зараз сидите в капцях).

Отож якщо тривога працює, то ми легко виходимо сухі з води.

Ми народжуємося з різним рівнем тривожності, а схильність до тривоги є генетично зумовленою. Є люди, які мало хвилюються не тому, що вони гірші чи кращі, просто їхня нервова система (тонка павутина нервів, що оповиває наше тіло і по якій проходять усі імпульси від рецепторів до головного мозку й назад) складається з трохи товстіших волокон. По такому волокну імпульс іде трохи довше, і тому ці люди спокійніші. Також відділи мозку, що відповідають за сприйняття тривожних імпульсів, працюють у більш розслабленому режимі. Від нашої волі це не надто залежить.

І є ті, хто має дуже чутливу нервову систему. Волокна їхньої нервової системи тонші (ми говоримо про мікрони у волокнах, звісно), і такі люди реагують на подразник дуже швидко. Система реагування на тривогу в їхньому мозку також чутливіша. І це теж не залежить від наших вольових зусиль.

На рівень тривоги також впливають психологічні чинники: стресові ситуації в дитинстві, самооцінка, життєвий досвід тощо. Разом генетика і життєвий досвід вибудовують із кожного з нас людину з певним, відмінним від інших, рівнем тривожності.

Ми не можемо бути однаково тривожними, так закладено природою і нашим життєвим досвідом. Єдине, що ми можемо зробити, — це доброзичливо сприймати інших людей, більш або менш тривожних від нас. Коли ви занадто тривожні, а ваш партнер — спокійний, часто виникають претензії: «Ти ні про що не думаєш...», «Ти занадто спокійний...» — і це також викликає злість. Проте ви не мусите бути однаковими у тривозі. Зрозуміти тривогу одне одного — це велике вміння, і ми здатні його опанувати.

Будь-який вид тривожності є корисним

Більш тривожні люди класні, бо допомагають побачити небезпеку швидше, уважніше вивчають поставлені задачі, мають завбачливіші варіанти розвитку подій, прискіпливі до деталей — і це, погодьтеся, круто.

Менш тривожні люди теж класні, бо допомагають швидше діяти, готові йти в атаку, рушають процес з мертвої точки там, де тривожні люди схильні загальмувати, аби «ще трошки вдосконалити».

І звісно, і перші, і другі мають власні труднощі: тривожні люди можуть довго наважуватися почати діяти, безліч разів перевіряють перевірене, постійно сумніваються, а нетривожні діють імпульсивно, не завжди замислюються про наслідки й можуть бути нечутливими до переживань інших.

Хоча, якщо чесно, я не ділив би людей на два виразних типи — тривожних і нетривожних, — адже кожен із нас є лише одним з безлічі складних наборів якостей обох типів тривожності.

Коли стається небезпека?

Небезпек і тривожних ситуацій у світі — незліченна кількість. Порахувати їх чи звести до якихось типів неможливо, адже щомиті трапляється щось таке, чого не бувало раніше. Але при цьому є хороша новина! Попри всю цю незліченність, природа все одно подбала про нас, нещасних «тривожних пацієнтів», адже придумала лише *три способи*, у які можна із цими небезпеками справлятися. Запам'ятайте три прості слова: НАПАД, ВТЕЧА, ЗАВМИРАННЯ. Геній матінки-природи полягає в тому, що в цих трьох способах зашифровані всі можливі варіанти нашої поведінки в усіх без винятку тривожних ситуаціях.

НАПАД

Як це відбувається в житті?

Якщо десь у дикій савані зустрічаються дві великі тварини, вони починають ділити територію, атакуючи одна одну. Переможець відстоює свою територію.

Коли на вашу зарплатну картку приходить сума, менша від очікуваної, ви йдете в бухгалтерію з'ясовувати, що трапилося.

Коли в маршрутці хтось без вашої згоди захоче сісти вам на коліна, ви автоматично відштовхнете цю людину.

Коли ваші батьки знову будуть незадоволені вашим вибором партнера, ви подумаєте: «Я знаю краще», — скажете про це батькам і, певно, на зло світу, одружитеся з ним.

ВТЕЧА

Є й інша ситуація, наприклад, коли в тій-таки савані велика тварина нападає на меншу. Якщо менша тварина почне захищатися у відповідь, то результат очевидний — вона загине. І тому менші тварини обирають інший спосіб захищатися від небезпеки. Вони тікають. І тому природа каже, що другий спосіб захисту від небезпеки є не менш важливим і не менш корисним, ніж постійно нападати.

Ми звільняємося, коли бачимо, що на роботі нас обманюють.

Ми тікаємо від гопників, коли розуміємо, що в маршрутці нам буде непереливки.

Ми обманюємо батьків, коли боїмося, що вони нас укотре не зрозуміють.

Якщо я побачу кілька підпилих молодиків на вулиці, які агресивно обговорюють, що всі навколо лохи і всі їм винні, що я зроблю? Я втечу від небезпеки. Це не так по-геройськи, не так круто, але це збереже мої нерви і, можливо, життя чи здоров'я. І тому природа мені каже, що тікати — це також нормально. Коли ти не можеш нападати у відповідь, треба тікати.

ЗАВМИРАННЯ

Ми знаємо й таких тварин, які не можуть утекти, бо дуже маленькі. Що роблять ці тварини? Дуже просто — прикидаються мертвими. У такий спосіб вони очікують, що великі тварини вважатимуть їх померлими й не захочуть їсти падалі. Це допомагає вижити.

Природа втретє каже, що це хороший спосіб.

Якщо в мене троє дітей і я не маю перспектив улаштуватися на іншу роботу, я вислуховуватиму претензії й брехню шефа, просто киваючи головою.

Я віддам гаманець і телефон, коли мої любі гопники приставлять ніж до мого живота (чи просто страшно на мене подивляться).

Я залишу свого партнера, якщо батьки виростили в мені страх перед їхнім авторитетом. Річ навіть не в тому, що це правильно, — просто в певний момент для мене це єдиний спосіб упоратися із ситуацією.

Інколи завмирання — це єдине, що ми можемо зробити.

Усі три способи опанування небезпеки є добрими за певних обставин. Коли вони стають поганими? Коли ми обираємо тільки один спосіб.

Наприклад, є ціла категорія людей, які вважають, що вони можуть тільки атакувати. Чи це правильно? Не знаю, але вони ніколи не зупиняються.

Їх звільняють з роботи, вони мають схильність бути травмованими в сутичках, у них можуть бути труднощі в побудові стосунків. Бо неможливо все вирішувати лише з ідеєю, що найкращий захист — це напад.

Коли працює лише один варіант «Я тікаю від усього і завжди» — це також надмірність, і це заважає нам нормально функціонувати в суспільстві. Ми тікаємо від гарних, але тривожних можливостей, не відстоюємо свого права на гідну зарплату, добрі стосунки, власні досягнення. Нами легко скористатися.

Так само і із завмиранням: якщо робити це постійно і всюди, це також завадить нам виконувати свої щоденні обов'язки. Нас наче ніколи немає. Ми не ухвалюємо рішень, не висловлюємо своїх думок, не виявляємо незгоди. Ми — пластилін, з якого кожен ліпить те, що йому подобається.

Здоровий глузд (дар Божий, як я люблю казати) дає нам змогу розрізняти, де обрана нами стратегія працює добре, а де вона починає нам заважати. Але в будь-якому випадку ці три стратегії доступні до застосування. Відстоювати свої права, коли це можливо, тікати, коли треба себе рятувати, завмирати, коли розуміємо, що інші варіанти не спрацюють або є безглуздими в певних обставинах.

Коли тривожність стає розладом?

Ви могли зауважити, що я відстоюю ідею про тривогу як про класну річ, потрібну кожному з нас, аби вижити. Проте інколи трапляється такий її надмір, що вона починає заважати нам жити. Психологи описали кілька ознак, які засвідчують, що наша тривога вийшла з берегів і вилилась у тривожний розлад.

Одного разу ви прийдете в мій кабінет і повідомите: «Володимире! Я — тривожний, вилікуйте мене!». А я відповім: «Вибачте, я також тривожний, і лікувати вас не буду, натомість будемо вчитися із цим жити». Проте ви чули, що психотерапевти мають цілі протоколи з лікування тривожності, тому вам здається, що я шарлатан. Наголошу ще раз: *тривожність і тривожний розлад* — це зовсім різні речі. Ви не вийдете з мого кабінету нетривожною особистістю, проте є велика частка ймовірності, що зможете впоратися з тривожним розладом, якщо він у вас діагностований.

Отож ознаки того, що тривога перестала бути нормальною і перетворилася на **тривожний розлад.**

Перша ознака тривожного розладу: тривога починає заважати виконувати щоденні функції, починає заважати жити.

Як це відбувається? Через тривогу я не можу готувати їсти, ходити на роботу, спілкуватися з дітьми. Моє життя перетворилося на пекло, бо, крім тривоги, я більше ні про що не думаю. Наприклад: перевіряю написаний текст один раз, потім другий, потім вісімнадцятий — і, коли лягаю нарешті спати, усвідомлюю, що не певен, що в ньому не лишилося помилок. Я думаю про це всю ніч і на ранок іду переглядати текст знову.

Якщо ж у вас тривожність висока, але при цьому ви можете виконувати щоденні завдання, отримувати задоволення від життя й будувати безпечні стосунки, то про розлад говорити не доводиться. Нагадую ще раз, поки вам учергове не здалося, що я шарлатан: психотерапевт не позбавляє від високого рівня тривожності, а тільки допомагає вчитися з нею жити.

Друга ознака тривожного розладу: реальної підстави тривожитися немає, але я все одно роблю це.

Наприклад, я ходжу по квартирі з думкою, що Бог може покарати мене небезпечним вірусом (тривога за здоров'я і, можливо, обсесивна тривога), і ця думка починає розростатися в моїй голові, хоча ніяких підстав, аби Бог карав мене сьогодні, немає. Як немає ідеї, що Бог карає нас чим-небудь узагалі, бо Бог, у принципі, некараючий. Або, наприклад, увесь час, поки я на вулиці, мене переслідує нав'язлива думка: «Ох, мене ж може збити машина», — хоча до того зі мною такого ніколи не траплялося. Я боюся сісти в літак, бо він точно розіб'ється, хоча розумію, що літаки не часто розбиваються. Я боюся вийти на восьмий поверх, бо вивалюся у вікно в під'їзді, хоча для цього дуже треба постаратися. І, звісно, я тривожуся, що просто зараз на будівлю, де перебуваю, впаде астероїд.

Заперечувати, що все перераховане може справді статися, не варто. Але чи варто через це постійно тривожитися? Отже, це маркер, який свідчить про тривожний розлад, а не про звичайну тривогу: людина переживає через речі, яких

із нею ніколи не траплялося і які навряд чи трап-
ляться.

Третя ознака тривожного розладу: причина
для тривоги є, але вона становить 10 % небезпеки,
а наша тривога — 100 %. Інакше кажучи, це роз-
біжність між реальною тривогою і причиною, яка
її викликає.

Наприклад, реальністю є те, що я можу захворіти
на рак простати після 45 років, бо мій дідусь мав рак
простати, ба більше, реальністю є те, що кожен чоло-
вік може захворіти на рак простати. Я пройшов усі
можливі обстеження в 45, отримав добрі результати,
але думка про те, що я можу захворіти, полонить
усю мою реальність і не дає змоги насолоджуватися
життям — у мене тривожний розлад.

Коли я сідаю за кермо, є ймовірність, що я можу
потрапити в аварію, і це тривожить. Але коли я не
сідаю за кермо, бо є ймовірність, що я можу по-
трапити в аварію, — то в мене тривожний розлад.
Скажу, подобається вам це чи ні: сьогодні будь-
хто з вас може потрапити в аварію. Проте якщо
ви постійно, читаючи цю книжку, думаєте про це,
вітаю: у вас тривожний розлад.

Тобто третім маркером є те, що ми беремо
ситуацію, яка цілком може статися, і переживає-
мо через неї аж занадто сильно. Наприклад, якщо
я не вимкну плиту, може згоріти будинок. Нор-
мально повернутися і перевірити: вимкнув плиту.
Проблема — відійти і продовжувати думати про
неї: щось може статися, бо я чогось недокрутив;
і повернутися вдруге. Коли я повернуся всьоме —
це буде нехороший дзвіночок: треба йти до пси-
хотерапевта.

Дуже важливо зрозуміти, що є базова тривога, яка може бути більшою або меншою в різних людей, залежно від їхньої генетики. І це нормально. Проте коли людина бачить, що ця тривога починає заважати їй жити, коли для неї немає підстав або підстави не відповідають рівню тривожності, тоді в неї тривожний розлад.

Види тривожних розладів

Існує кілька видів тривожних розладів, деякі з них розглянемо детальніше в наступних розділах.

Панічний розлад — у людини стається панічна атака (людина ніяк не може вплинути на це), вона боїться, що це повториться, страх призводить до розладу. Панічний розлад — це, власне, страх панічних атак, а не панічні атаки самі по собі. Інколи це призводить до *агорафобії* — страху опинитися в ситуації, де людині не нададуть допомоги, якщо з нею щось трапиться.

Обсесивно-компульсивний розлад — людині докучають різні нав'язливі думки, інколи безглузді, але вона не може нічого з ними зробити й постійно тривожиться через них. Аби нейтралізувати ці думки, вона починає здійснювати різні ритуали. *Обсесія* — це нав'язлива думка. *Компульсія* — це нав'язлива поведінка.

Генералізований тривожний розлад — людина починає переживати через різні дрібниці, які мають під собою певне підґрунтя, але є не такими складними. Наприклад, постійно хвилюється, що діти помруть, дружина розіб'ється на авто, а саму людину задавить маршрутка, а ще вона не вимкнула газ, не зачинила двері тощо. Генералізованим розлад називається тому, що людина переймається всім, що в принципі може статися, але стається вкрай рідко.

Розлад тривоги за здоров'я — людина переживає, що точно на щось хвора. Вона постійно робить рентгени, аналізи, дослідження... Пальпує своє тіло, дослухається до ритму серця і завжди щось у собі виявляє. Якщо дуже захотіти й дуже прислухатися, то можна відчути в нашому і дуже здоровому тілі ознаки майже всіх відомих науці захворювань.

Соціальна фобія — страх публічних виступів, контактування з людьми, знайомств, комунікацій як таких.

До тривожних розладів належать також різні фобії. *Фобія* — це страх чогось конкретного: страх павуків, страх висоти чи (мій улюблений) страх апельсинів.

Мені часто ставлять питання: що робити з людиною, яка має тривожний розлад і панічні атаки, але не хоче цього усвідомити й не хоче прийняти допомогу? Це найгірше питання, яке може бути. Я завжди повторюю: «Наздогнати і допомогти — не працює». Ми не можемо примусити людину захотіти йти на психотерапію, не можемо примусити її працювати із собою. Ми можемо розповідати їй про розлад, аби спонукати її, але інколи трапляється так, що люди приймають рішення не лікувати себе і жити у своєму розладі, а ми ніяк на це не вплинемо. У такому випадку нам час задуматися про себе: що слід робити із собою, аби вплив цієї людини на нас був мінімальним? Це непросто і не дуже гарно, але це — правильна відповідь. Ми не завжди можемо допомогти тим, хто не хоче допомагати собі сам.

Що робити з високою тривогою?

Залишмо різні типи тривожних розладів для наступних розділів книжки й повернімося до високої тривоги, яка час від часу опановує нас, «тривожних пацієнтів».

Аби перейти до цього питання, я мушу зробити невеличкий відступ, щоб увести вас у систему координат когнітивно-поведінкової терапії.

Є чотири постулати когнітивно-поведінкової терапії:

Ситуація → Думка → Емоція → Поведінка

1. *Ситуація* — усе, що відбувається у світі, для самого світу не є ані добрим, ані поганим. Я називаю це *холодною реальністю*. Для світу байдуже, що відбувається особисто з вами. Світ і далі буде собі крутитися, якщо раптом хтось зайде в мій офіс і застрелить мене. Світові байдуже, що на Сході України йде війна, тому що люди займаються своїми справами, вони живуть своїм життям. Ми зараз не дуже переймаємося тим, що в Африці від посухи помирають діти, бо зайняті своїми справами. Навіть якщо сьогодні загине все людство, планета й далі буде крутитися навколо сонця і будуть

виникати нові форми життя, бо є вода, є сонце, є добрі умови. Ця ідея нам не подобається, бо ми хотіли би, щоб усе у світі мало в собі якийсь сенс, але я завжди кажу: події відбуваються у світі тому, що відбуваються.

2. *Думки* — ми дещо думаємо про будь-які ситуації, які стаються особисто з нами або навколо нас. Коли я думаю, що мене може вбити якийсь «суперфанат», зрозуміло, що для мене це жахливо. І тому я надаю ситуації іншого значення. Очевидно, що для українців ситуація на Сході має дещо інше забарвлення, ніж для німців. Я думаю про цю ситуацію, і я надаю їй значення. Для мене особисто ця ситуація — не холодна реальність, вона має живий сенс, якого я їй надаю за допомогою того, що щось про неї думаю. Отже, звідси ідея, що ми наділяємо ситуацію певним *наданим значенням*, що робить цю ситуацію для нас особистою.

3. *Емоції* — те, що ми думаємо про ситуацію, визначатиме те, що ми відчуватимемо стосовно цієї ситуації. Наприклад, ви бачите перед собою переповнену маршрутку (холодна реальність), але це не ваша маршрутка. Ви думаєте: «Слава Богу — не моя» (надане значення). Ваші відчуття — полегшення і легка тривога, щоб ваша маршрутка виявилася не такою переповненою. Або: та сама маршрутка, але цього разу ваша, ба більше, ви не встигаєте на зустріч, а грошей на таксі немає. Ваші думки: «Піп-піп» (цензура). Емоції — злість, роздратування. А якщо вас можуть насварити за

спізнення, то ще й страх. І знову-таки, та сама ситуація: переповнена маршрутка, але поруч припаркована ваша мазераті. Думки: «Ха, життя прекрасне у шкіряному салоні». Емоції — піднесення, радість. Трохи, може, зверхності. Та поруч стоїть хлопчина з організації захисту тварин. У нього інші думки про ваш шкіряний салон та інші емоції відповідно. І так до нескінченності. Проте ситуація залишається тією ж таки холодною реальністю — маршрутка переповнена.

4. *Поведінка* — наші емоції спонукають нас до певної поведінки. При полегшенні від того, що маршрутка не наша, ми спокійно стоїмо собі далі. При злості, що нам треба в неї засунутися, ми хамимо водієві, що світ котиться в саме пекло з таким сервісом. При думці про наш улюблений шкіряний салон ми спокійно докурюємо сигаретку. Хлопчина з організації захисту тварин пише про вас пост у своєму фейсбуці.

Звісно, усе трохи складніше, бо думок і нюансів ситуації дуже багато, і вони викликають у нас цілий спектр поведінкових проявів. Але якщо все звести до формули, то вона залишається незмінною:

Ситуація → Думка → Емоція →
→ Поведінка: напад, втеча, завмирання

Відповідно, коли підходимо до способів справлятися з тривогою, то ми можемо це робити на трьох рівнях:

1) когнітивний рівень (той, що стосується думок);
2) емоційний рівень;
3) поведінковий рівень.

Холодна реальність при цьому залишається зимною.

Когнітивний рівень

Моделюємо ситуацію. Ви — тривожний тато двох малих дітей, які ходять у садок. На вулиці осінь. Починається сезон грипу. У садочках оголошують карантин. Ваша сусідка вам випадково сказала, що прочитала в газеті, що вже хтось помер від того грипу, — ну, всі ми знаємо, як у нас буває. Найстрашніші думки, які приходять у наші голови, коли ми думаємо про карантин і новий вірус грипу, зводяться до: «Я захворію», «Погіршиться стан моєї дитини», «Я помру або помре моя дитина», «Я можу заразити когось зі своїх рідних, навіть якщо сам не помру», «Вірус мутує», «Це початок апокаліпсису, і нас нічого не врятує». Це думки, які виникають у головах більшості людей, переважно тривожних.

Якщо ви в терапії, то я завжди прошу виконувати домашні завдання. Якби це сталося під час карантину, я попросив би вас завести щоденник і щоранку виділяти 5 хвилин, аби записати всі свої тривожні думки, які у вас є на той момент.

Є кілька причин, чому я раджу робити цю річ. Перша: коли я взагалі що-небудь записую, то вивільняю це зі своєї голови, фактично дистанціююся від цих думок, і це допомагає хоч трохи зменшити тривогу. Друга: коли в моїй голові є тривожні думки, мені здається, що там хаос. Згадайте себе в час найбільшої тривоги. Відчуття сягають такого рівня, що, здається, це неможливо витримати. Коли я починаю виписувати ці думки, то виявляється, їх не так уже й багато. Третя причина записувати думки: так ми можемо побачити, що насправді із часом вони змінюються. Наприклад, сьогодні я записую, що помру від грипу, завтра записую, що помру від грипу, а через два тижні я вже цього не записую. І це допомагає нашому мозку реєструвати, що життя змінне, і це його трохи заспокоює.

Ведення будь-якого щоденника допомагає осмислювати й трансформувати весь хаос, що є в нашій голові. Це необов'язково спрацює саме для вас, але це працює. Узагалі щоденник — універсальна методика справлятися зі стресовими ситуаціями. Просто вести записи щодня. А потім переглянути, що ж відбулося.

Що варто робити у своєму щоденнику далі? Мало того, що я записую свої тривожні думки, наприклад, що я чи моя дитина помремо від грипу або буде фінансова криза і ми з нею не впораємося. Я хочу *оцінити кожну із цих думок*. Яка ймовірність, що це насправді може статися? Я вважаю, що ймовірність моєї смерті від грипу коливається в районі 0,2 %. Ну, якщо я просто вмикаю здоровий глузд. Тоді чи варто через це переживати? Імовірність, що я помру від чогось іншого сьогодні, теж менша від 1 % — і чомусь за це я не переживаю. Я не переймаюся щодня через те, що мене може збити машина, що може впасти цеглина мені на голову, що корабель, на якому я попливу, потоне. Я не думаю про всі ці речі. Тому приймаю для себе постулат — усе, що менше від 2 %, не має викликати в мене тривоги. Я не витрачаю на це час. І роблю це на когнітивному рівні (на емоційному це не завжди вдається).

Але уявімо собі думку, що моїй дитині може стати погано, вона часто хворіє, її імунітет з певних причин послаблений, і я ставлю цьому 40 %. Тоді ситуація змінюється. Якщо є висока ймовірність, що моя дитина справді може захворіти, і я бачу підстави для цього, тоді я починаю думати: *наскільки корисна моя тривога?* Тривога корисна тоді, коли я можу зробити щось, аби змінити ситуацію. *При корисній тривозі я завжди можу скласти план:*

- Я не відводжу дітей у садочок.
- Я не виходжу з ними гуляти.
- Я не йду з ними в супермаркет.
- Я сам не ходжу в театри/кіно.
- Я не спілкуюся з іншими людьми, щоб не принести вірус додому.
- Я вживаю превентивні заходи, аби не допустити, щоб вірус зайшов у мій дім.

І тоді моя тривога є корисною. Вона дозволяє мені згрупуватися, мобілізуватися і виконати певні функції, щоб захистити дитину від небезпеки. Доки я ці функції виконую, доти моя тривога є корисною. Мені не треба боротися з такою тривогою.

Проте у мене мають бути докази, що ймовірність захворювання моєї дитини справді становить 40%. І тоді я складаю список доказів:

- Мої діти щойно перехворіли ГРЗ.
- Кілька дітей з нашого садочку мають ознаки грипу.
- Лікарі попереджають про небезпеку.
- На вулиці вогко і вітряно.
- Влада просить утриматися від відвідування публічних заходів...

Якщо в мене немає списку доказів, а є лише моя ідея «Раз я так думаю, значить, так може статися» — то я не можу поставити думкам про захворювання дітей 40%, бо ми з вами не граємось у містифікації і здійснення думок тільки тому, що я про них думаю.

Некорисна тривога. Вона виявляється тоді, коли я розумію, що зробив усе: мої діти сидять удома, усе продезінфіковано, вимито, усі ходять у масках і торкаються одне одного тільки в гумових рукавичках, ніхто не виходить з дому і ми вже нічого не їмо, бо не ходимо навіть у магазин, — але все одно дуже переживаю й нічого не можу вдіяти із собою. Така тривога не робить для нас нічого доброго.

До некорисної тривоги я маю запитання: навіщо ти мені, якщо я від тебе нічого не отримую? (Відповідь «тривожного пацієнта»: бо я не можу про це не думати.) Але я знову запрошую в гості свій здоровий глузд, і він пробує дати сигнал моєму тривожному мозку: усе окей, розслабся, зніми з дітей ті гумові рукавички й піди купи щось поїсти. Від грипу вмерти складніше, ніж від голоду.

Тому в щоденнику ви пишете думку, потім — відсотки, наскільки ви вірите в цю думку, і якщо відсоток великий, ви пишете перелік доказів, що це саме так, а тоді — корисна ця тривога чи ні. Якщо вона некорисна, то йдемо і займаємося медитацією, якщо корисна, складаємо план: що я можу зробити, аби убезпечити себе від цієї тривожної думки?

Увага! Не забуваймо: головний ворог будь-якої тривоги — здорове почуття гумору!!!

Емоційний рівень

А що робити, коли я все це роблю, але все одно є висока тривога?

Тоді переходимо до емоційного рівня. Ми вчимося *приймати свою тривогу*.

Коли мені дуже тривожно, я сідаю в крісло або лягаю на ліжко й відчуваю, що я заземляюся. Я відчуваю, як спиною торкаюся спинки, як сідницями впираюся в сидіння крісла, як ногами торкаюся землі, що я не вишу в повітрі, а маю під собою опору. Коли я заземлився, я пробую уявити тривогу всередині себе. Де в цей момент у мені є тривога. Зазвичай я відчуваю тривогу в грудях, бо там усе стискає або, навпаки, розпирає; відчуваю, як буває складно дихати через це. Я можу відчувати напругу в м'язах, здавлене горло, живіт, будь-що. Я вслухаюся у свою тривогу.

І це — найкраще, що ми можемо зробити, бо тривога біологічно зумовлена, нам не треба від неї тікати. Так, буде некомфортно, але наше завдання — полюбити її, як полюбити будь-який свій стан. Основне завдання в емоційному прийнятті тривоги — це не подолати її, а навчитися приймати, що тривога — це частина нашого життя.

Наступний етап — спробувати дихати крізь тривогу, увійти в стан прийняття. Просто дослухайтеся до власного дихання. Дослухайтеся, як дихають ваші легені, груди, усе ваше тіло. Потім знову сфокусуйтеся на тривозі й почніть дихати наче крізь неї. Вам заважатиме цілий рій думок у голові. Ви почнете вважати себе божевільним. «Навіщо ти це робиш? Це нічого не змінить і, взагалі, є купа справ, ти не тим займаєшся». Так, у вас може не вийти з першого разу. Я рекомендую робити це щодня, намагайтеся бути в контакті зі своїм тілом. Це не має займати весь день, звісно. А якщо вам не подобається цей метод, то оберіть будь-який інший вид медитації.

Поведінковий рівень

Що я можу зробити на поведінковому рівні, аби допомогти собі позбутися тривоги?

Перша моя улюблена техніка — я кажу собі: ми вже знаємо, що ти можеш тривожитися, знаємо, що ти можеш тестувати свої думки на реальність, але є ще одна штука, яку ти можеш зробити. Ти можеш придумати собі *час, коли можеш тривожитися*. Наприклад, від сьомої до пів на восьму вечора. У цей час я можу дозволити собі найстрашніші думки: усі помруть! Але! Є одне правило. Так думати можна тільки з 19:00 по 19:30. Це допомагає не всім, але декому стає у пригоді.

Людство винайшло спосіб, як справлятися з тривогою. Коли стаються страшні події, люди, аби легше їх пережити, об'єднуються. Наприклад, в умовах карантину ми не можемо зустрічатися, але можемо допомагати одне одному. Тому ще один спосіб подолати тривогу — *почати робити маленькі добрі справи*. Спробуйте подумати, кому і чим ви можете допомогти. Якісь невеличкі речі.

Ще один спосіб — *створювати список справ*: що я роблю за день. Туди можуть входити найрізноманітніші речі: скупати дитину, почистити їй зуби, з'їздити в магазин, зварити суп, попрасувати, зробити макіяж, почитати книжку, зустріти партнера вдома. І ставте пташки, що виконали ці завдання. Ваш мозок від цього радіє. Він бачить, що ви щось зробили, виділяє більше ендорфінів, і тоді легше справлятися з тривогою.

І найголовніше — це *пам'ятати про цінності*. Усі ми пливемо в одному човні. Ми робимо щось не тільки для себе, а й для всіх людей, які навколо нас. Ми всі тривожні. У багатьох з нас є діти. Ми вчимося справлятися з тривогою, бо любимо їх, але й тривожимося, бо любимо їх. Тож тривога — просто частина нашого життя. То, може, не треба від неї аж так тікати?

І останнє. Що робити, якщо ми вже все спробували, але в голові й далі гармидер, нам страшно, а світ ось-ось завалиться на наші тривожні голови? У такому разі ми виконуємо одну техніку, дуже непросту. Ми дозволяємо намалювати в го-

лові й прожити найстрашніші сценарії, які тільки
можуть бути: хворобу, смерть, те, що відбувається
потім. Ця техніка складна, її варто виконувати
в супроводі психотерапевта, але суть її зводиться
до так званої експозиції в уяві. Експозиція — це
зустріч із власним страхом. Коли ми дозволяє-
мо своєму мозку проживати найстрашніші сце-
нарії, він зазвичай заспокоюється, бо найбільше
його лякає невідомість, а через експозицію в уяві
ми даємо йому погану, але зрозумілу реальність.
Наголошую, що цю методику слід практикувати
в супроводі терапевта.

У цьому розділі ми розглянули тривогу в її зако-
номірному виявленні. Висновок: усі ми трошки
чи не трошки тривожні. У житті кожного з нас
стаються різні трабли, з якими нам часом важко
справлятися, саме тоді ми починаємо неймовірно
тривожитися. Повірте, ми не самотні в цьому. Нас,
«тривожних пацієнтів», ціла купа, навіть купище.
Давайте думати про тривогу як про невід'ємну
частину нашої реальності й намагатися не тікати
від неї, а розуміти її, дякувати їй, бути з нею, доз-
воляти своєму тілу відчувати її, а ще — пам'ятати,
що часом із себе варто трошечки посміятися.

2 Тікати чи не тікати

Панічний розлад

Одна моя клієнтка спитала: «Володимире, ви що — також тривожитеся?». А я сиджу весь такий із себе у кріслі, у кабінеті, на своїй території (там я почуваюся дуже впевнено) і кажу: «У мене, як у всіх, стискається шлунок, мені тяжко дихати, у мене трусяться ноги, я іду читати лекцію із психотерапії й думаю: "Зараз точно буде провал", — і в моїй голові ціла купа драматичних думок про те, як жахливо все складеться». За межами свого кабінету я сам — «тривожний пацієнт», а тривога — мій супутник, який супроводжує все моє життя і, напевно, буде зі мною до кінця. Хіба, може, на старість трошки приглушиться. Тоді клієнтка поставила наступне, закономірне, запитання: «А як ви можете лікувати тривожних людей, якщо самі маєте такі симптоми?». Наголошу ще раз: я не лікую тривогу, я вчу людей жити з нею, бо тривожність — це наша даність.

Я переконаний, що тривожні люди дуже потрібні. Які в них переваги? Вони прискіпливо виконують свою роботу, бо їм треба перевірити, підперевірити і заперевірити, тож, відповідно, кількість можливих помилок у робочому процесі завдяки їм зменшується. Мати у своїй компанії тривожного працівника надзвичайно корисно, бо він точно не підведе, сидітиме до останнього в офісі, і йому не буде «фіолетово», бо він виконує багато ювелірної роботи.

Для чого ж тоді потрібні нетривожні люди, спитаєте ви? Саме вони дають нам чарівного пенделя, аби ми таки почали рухатися вперед. У них менше страху, вони більше схильні йти в атаку, відстоювати власні права. Але оскільки вони керуються імпульсом, то часто не помічають деталей. А щоб помічати деталі, які дуже важливі (диявол живе в деталях, не забувайте), і потрібні ми — «тривожні пацієнти».

Звісно, я не маю на увазі, що люди поділяються на добрих нетривожних і поганих тривожних. І в тому, і в тому варіанті є сильні й слабкі сторони, і це абсолютно нормально. А оскільки ми об'єднуємось (я маю на увазі широкий сенс цього слова — поєднуємося з іншими людьми), це дає чудовий баланс, де хтось відповідає за одну справу, а хтось — за іншу. Саме тоді й робиться велика справа. Будь-яку хорошу річ добре робити в команді і з тривожними, і з нетривожними людьми, бо тоді перед нею відкривається широкий спектр можливостей.

Певно, вам уже захотілося перепитати: якщо все так просто і тривожним людям треба просто прийняти себе такими, як вони є, то навіщо ми взагалі виокремлюємо цю тему і говоримо про тривожні розлади?

Бо тривожні розлади перетинають межу, про яку ми вже говорили в першому розділі, і заважають нормально функціонувати. Тому перейдімо до панічного розладу, про який я розповідатиму так, як зазвичай розповідаю своїм клієнтам.

Що таке панічний розлад?

Розмова про панічний розлад починається із запитання: навіщо нам тривога? Навіщо природа нагородила нас цим неприємним станом? Відповідь проста: бо без неї людству настав би швидкий і невідворотний кінець. Тривога вмонтована в нашу свідомість, щоб уберегти від небезпеки, щоб ми вмить розуміли, що щось іде не так. Це той механізм, який допоміг людству вижити. Тривога діє автоматично, дуже швидко. Наприклад, коли ми бачимо, що на нас летить автомобіль, ми не стоїмо й не розмірковуємо, що робити, — наше тіло автоматично й миттєво відхиляє нас назад. Тривога ховається на досвідомому рівні, керує нами ще до того, як ми збагнемо наслідки небезпеки.

Наведу класичний для психотерапії приклад. Уявіть косулю*. Вона не думає багато про сенс життя, про те, до якого психотерапевта піти, щоб дешевше, вона розслаблена, щипає травичку. Аж тут з'являється лев. Він гарчить і швидко біжить

---

* Так-так, я знаю, що правильно казати «козуля», але дозвольте мені мати трохи недоліків.

до неї. Коли косуля зауважує лева — яке її завдання? Авжеж, тікати. Це єдине, що вона може, бо дуже навряд вона побіжить боротися з ним. Але для того щоб косуля тікала, її тіло має прийти у відповідний стан — готовності до втечі (вона була розслаблена, пам'ятаєте?). А це означає, що в ній має бути вмонтована червона кнопка, яка запустить цю готовність. Аби кудись побігти, слід швидко визначити якийсь напрям, перепони, які треба буде долати, а отже, мозок дуже швидко має вирішити певну кількість завдань. Щоб мозок міг швидко виконати багато завдань, йому потрібен притік кисню. Тому він починає сигналізувати: «Дайте мені більше кисню!». Кисень іде до мозку через кров. Значить, у мозок, аби він швидше думав, має надходити більше крові. Щоби кров циркулювала швидше — правильно — має частіше битися серце. Усе просто: серце б'ється частіше — кров циркулює швидше — кисень доходить до мозку, і косулі легше врятуватися. Що треба зробити, аби кров сильніше насичувалася киснем? Глибоко і часто дихати.

Що відбувається з косулею далі? Вона починає пітніти. Для чого? Щоб охолодитися. Щоби стати легшою, косуля випорожнюється (ми — ні). Також мозок вирішує, які органи важливі, щоб утекти, а які — ні. Шкіра неважлива для втечі, тому мозок може забирати в неї кров і пускати її туди, де вона більше потрібна. Через це ми блідшаємо. Ми маємо різні групи м'язів: є ті, які відповідають за стояння, а є ті, які відповідають за біг. І коли нам треба тікати, кров починає потрапляти в ті м'язи, які відповідають за біг.

Але якби косуля стояла, м'язи, які відповідають за стояння, здавалися б їй ватними, і якби вона вміла переживати, то налякалася б, що зараз упаде.

Для косулі всі ці симптоми абсолютно нормальні. Це історія п'яти секунд, бо всі ми розуміємо, що косуля не бігатиме від лева три серії: вона або втекла, або не втекла — варіантів не вистачить на мінімальний серіал. Якщо для косулі закінчення історії позитивне, то вона зупиняється, і всі її процеси починають повертатися в норму (і вона, знову-таки, не йде до психотерапевта).

Насправді косуля продемонструвала всі ті симптоми, які проявляються в людей при панічних атаках. І якщо в мозку косулі є червона кнопка, яка натискається, коли треба врятуватися, то в нашому мозку, який еволюціонував і вдосконалився, вона є тим паче. Кнопка спрацьовує так само, коли ми починаємо тривожитися. Тепер згадайте: коли у вас екзамен чи перше побачення, то дуже хочеться сходити в туалет. По суті, те саме, що в косулі, хоча вона не контролює процесу, а ми все-таки контролюємо. Також згадайте, як ми пітніємо, у нас тремор рук, тисне у грудях, важко дихати. Це діють ті самі механізми, які відповідають за нашу безпеку. Усі ці симптоми властиві загальній тривозі, і вони нормальні.

Тепер перейдімо до панічних атак.

Панічна атака—це короткий (3–5 хвилин) напад відчуття жаху.

Її симптоми:

- страх, який з'явився раптово і який неможливо пояснити;
- пришвидшене серцебиття;
- стиснене, утруднене дихання;
- відчуття браку повітря;
- важкість у грудях;
- поколювання по шкірі;
- також ми можемо збліднути й спітніти;
- можуть бути позиви в туалет;
- запаморочення;
- тунельне бачення;
- відчуття нереальності;
- припливи жару або ознобу;
- страх утратити свідомість;
- відчуття, ніби ми божеволіємо;
- сильний страх смерті.

Наявність хоча би п'яти з перелічених симптомів уже може свідчити про панічну атаку.

І все ніби правильно і природно, лише є одна проблема: лева (небезпеки)—немає. І те, що ми не можемо пояснити, звідки виник страх, призводить до виникнення в нашій голові однієї прекрасної ідеї: «Я хворий. Зі мною сталося щось непоправне».

Чесно кажучи, психотерапевти дуже люблять працювати із панічними атаками. Бо для них ці симптоми дуже зрозумілі, а для клієнта—дуже яскраві. Тому людина на зустрічі надзвичайно уважна, а терапевт — зазвичай неймовірно компетентний, бо для роботи з такими ситуаціями є дуже чіткий протокол.

Я помру?

Запам'ятайте найголовніше: *від панічної атаки ще не померла жодна людина*. Бо це вмонтований природою механізм для нашого захисту, тож нас не може вбити те, що створене, аби нас захищати.

Щонайменше одну панічну атаку за життя зазнає 25 % людей на планеті. Серед читачів цієї книжки теж багато тих, хто знайомий з панічними атаками і не вмер від них. Основні думки при панічних атаках: «У мене інсульт», «У мене інфаркт», «Я осліпну», «Я збожеволію», «Я не зможу себе контролювати», «Я почну голосно кричати», «Усе дуже погано» тощо. Ні. Нічого такого з вами не станеться, навіть якби ви цього хотіли.

Тривога вмикається тоді, коли з'являється якась небезпека. Уся небезпека проходить у нашому мозку через своєрідний фільтр — мигдалеподібне тіло, яке «записує» кадри небезпеки з нашого життя, тому нам не треба думати, кислий лимон чи ні, бо цей кадр уже записаний. Це досвідома, рефлективна реакція. Усе життя ми стикаємося з небезпеками, нас учать про небезпеки, і мигдалеподібне тіло відповідає за те, щоб ці небезпеки не завдали нам шкоди — рефлективно й досвідомо. Згадайте того страшнючого павука з першого розділу, який вивалюється із книжки. Нам не треба довго міркувати, що робити, бо ми вже автоматично і з вереском викинули книжку у вікно. І лише потім замислилися, яка «наволоч» підкинула нам таку витончену голограму. От саме коли ми почали думати — запрацювала префронтальна кора, яка відповідає за прийняття рішень і прогнозування майбутнього, наприклад, холодної помсти для жартівника.

Якби просто зараз стався землетрус, ми одразу забули би про те, що ми інтелігентні люди, жбурнули би книжку й побігли б хто куди. Тобто *в нас були би всі симптоми панічної атаки*, причому ми їх навіть не помітили би. Але інколи наша підкірка (частина мозку, де розташоване мигдалеподібне тіло) вмикає тривожну кнопку, коли реальної небезпеки немає. Можна порівняти це із сигналізацією, датчик якої спрацював на цигарковий дим у приміщенні: приміщення не горить, але датчик пищить. Саме це і є панічною атакою. Підкірка трактує якусь подію нашого життя як небезпеку, від якої треба тікати, і запускає тривожну кнопку. І так само, як від активної пожежної сигналізації не розвалиться будівля, у нашому тілі при панічній атаці нічого не руйнується.

Тож перший висновок: ви не помрете, не збожеволієте і не захворієте від панічної атаки.

Коли чекати на панічну атаку?

Панічні атаки можуть траплятися будь-де і будь-коли, але ймовірність їх появи посилюється тоді, коли ми тривалий час перебуваємо у стресі. Що більше ми втомлюємося і стресуємо, то легше мозкові переплутати й натиснути на кнопку тривоги.

Зазвичай панічна атака є елементом загальнішого процесу — стресу, депресії, втоми тощо.

Скажу одну річ, яка вам може не сподобатися: панічні атаки не лікуються, бо це природний процес. І вони можуть траплятися будь з ким, хоч до якого психотерапевта ви ходитимете, хай навіть це буде космічний лікар.

Зазвичай, якщо з вами сталася одна панічна атака, до психотерапевта вам іти не треба. Але оскільки переважно ми не знаємо, що з нами трапилася саме вона, у нас з'являється страх, що цей дурдом повториться. Саме цей страх починає продукувати всередині нас надмірну кількість тривоги. І це призводить до панічного розладу.

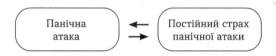

Цикл 1. Страх панічної атаки збільшує ймовірність виникнення панічної атаки.

Панічний розлад

Панічний розлад — це страх панічної атаки, страх, що вона відбудеться знову. Отже: якщо з вами трапилися дві і більше панічні атаки, якщо у вас є виражений страх, що це повториться знову, якщо це ускладнює ваше щоденне життя — вітаю! У вас — панічний розлад. От з панічним розладом треба йти до психотерапевта, з ним потрібно працювати. Наголошую: психотерапевт лікуватиме не атаки, а саме розлад.

Мої клієнти часто кажуть, що їхня панічна атака триває не 3—5 хвилин, а годинами, а то й цілими днями. Це абсолютно неможливо. Бо наші наднирники не можуть годинами викидати в кров кортизол і адреналін (гормони стресу). Проте після панічної атаки тривожні стани справді можуть тривати годинами — це і є симптом панічного розладу.

Лікування панічного розладу пояснює, чому панічних атак стає менше. Зазвичай я наводжу клієнтам такий приклад. Уявіть, що між нами (між клієнтом і мною) є червона кнопка, натиснувши яку, можна запустити панічну атаку. Я — тривожний, недовірливий, дивний, але в цей момент про атаку не думаю. Тобто сидячи впираюся зручно в спинку крісла, а мої руки витають далеко від тривожної кнопки. Але я можу потягнутися, наприклад, по склянку з водою і випадково натиснути її. І зі мною станеться панічна атака. Імовірність такого розвитку подій невисока, але вона є. Напроти мене сидите ви, постійно думаючи про панічну атаку. Ви згорбилися над червоною кнопкою і тримаєте руки в сантиметрі від неї, бо постійно переживаєте, що вона може натиснутися. Скажіть, у кого вона станеться найімовірніше? Очевидно, що у вас: будь-який необережний рух, здригання призведе до того, що ви натиснете цю кнопку — і відбудеться новий напад. А це знову поверне вас до думки: «Я хворий!».

Постійні думки про панічні атаки, вічний страх призводять до підвищеної тривожності, яка напружує організм, а мозок плутає її з реальною небезпекою й запускає механізм утечі від лева — так знову з'являються всі косулині симптоми, але ми їх не розуміємо.

Це важлива частина тлумачення панічного розладу: мозок має рівні впливу на наше тіло — свідомий і несвідомий. Свідомо ми приймаємо зважені рішення, несвідомо — робимо безліч маленьких речей. І несвідомо мозок часом припускається помилок, дає збої — запускає тривогу для тікання тоді, коли плутає нереальну небезпеку з реальною. І все одно повторю: це абсолютно безпечно для нашого тіла.

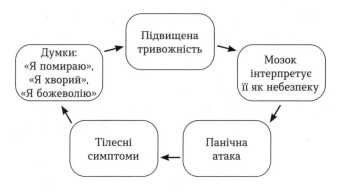

Цикл 2. Інтерпретація тривоги як небезпеки збільшує ймовірність панічної атаки.

Панічний розлад може тривати роками. Може дійти до того, що людина переконає себе: «Усе навколо — небезпечне, тому зі мною будь-де може статися панічна атака; я маю себе убезпечити, а найкращий спосіб — не виходити з дому. Якщо я піду в театр, там станеться пожежа, усі бігтимуть, у мене станеться панічна атака — і я загину. Якщо я сяду в маршрутку, наді мною стане чоловік з перегаром, дихатиме на мене, мені стане зле, у мене станеться панічна атака, мені не допоможуть — і я помру. Якщо я піду у великий супермаркет, на мене все буде тиснути, зі мною станеться панічна атака, «швидка» не встигне доїхати — і я знепритомнію. Якщо я вийду з дому, то впаду на сходах через панічну атаку і зламаю собі шию.

З'являється ще один розлад, який називається агорафобія. *Агорафобія* — це страх усіх місць, де можуть не надати допомоги. Простіше кажучи, це страх вийти з дому. При агорафобії з дому можна не виходити роками, бо, згідно із цим розладом, за порогом на людину чигає небезпека. Можна сказати, що панічний розлад веде до так званої *соціальної інвалідизації*, за якої людина не може функціонувати як повноцінний член суспільства. До смерті це не призводить, але неймовірно погіршує якість життя.

Панічний розлад може супроводжуватися *депресією*. І це зрозуміло, адже людині здається, що все погано, життя не вдалося і навіщо взагалі все це довкола.

Також при панічному розладі можуть бути ознаки *тривоги за здоров'я*. Це окремий розлад, також доволі яскравий (колись його називали *іпохондрією*). При ньому здається, що все болить, або ж ви просто постійно дослухаєтеся до себе і знаходите в собі якусь хворобу.

Проблемна поведінка
при панічному розладі

Зазвичай під час панічного розладу виокремлюють два типи проблемної поведінки, які призводять до того, що розлад не закінчується.

1. *Уникання*. У людини виникає думка: «Якщо я вийду на вулицю, у мене станеться панічна атака», — і вона починає уникати виходу надвір. Відповідно, панічної атаки не стається (її і так не сталося б, але людина про це не знає), і мозок дає сигнал: ти не вийшов на вулицю, тому не сталося панічної атаки, отже, це працює! Уникання життя — одна з найпоширеніших і найбільших проблем при панічному розладі.

Цикл 3. Уникаюча поведінка.

2. *Захисна поведінка.* Наприклад, людина може викликати «швидку», яка вколе їй заспокійливе, або носити із собою медикаменти (корвалол, гідазепам), чи воду, чи тонометр, без яких узагалі не виходить з дому. Також завжди має бути хтось на зв'язку, бо якщо людині стане погано, хтось має викликати їй «швидку». Тому людина з панічним розладом завжди має при собі телефон (зв'язок), або ж вона просто не виходить з дому сама. Людина з панічним розладом часто приймає горизонтальне положення (лягає), аби нормалізувати тиск, не перевантажується, дослухається до себе. І шукає серед інших запевнення: «Я не блідий?», «У мене немає температури?».

Цикл 4. Захисна поведінка.

Цикл 5. Відсутність габітуації.

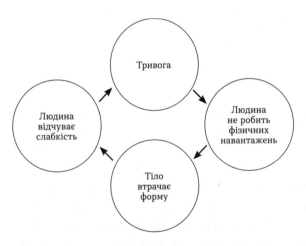

Цикл 6. Накопичення фізіологічних труднощів.

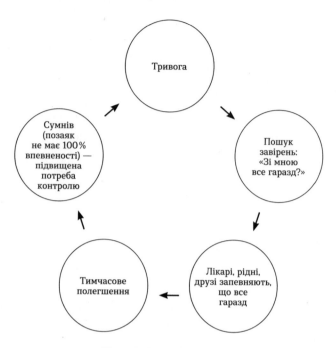

Цикл 7. Пошук завірень.

Усе наше життя починає занурюватись у цикли — повторювану поведінку, що не веде до вирішення проблем. Мозок більше не вчиться справлятися з тривогою, він починає вірити у всі фантастичні думки: саме те, що ми не виходили з дому, лежали й міряли тиск, привело до того, що ми не померли. І ми не знаємо, що й без того не померли б, навіть якби пробігли марафон у кілька кілометрів. А наше тіло при тому слабне, і наростає потреба в контролі й сумнівах. І так по колу — і до нескінченності.

До всього цього маємо ще додати чинники схильності: пережиті раніше захворювання, тривожний темперамент, низьку самооцінку. Усі ці речі дуже посилюють тривогу, бо з досвіду минулого підказують нам, що все йде не так, як треба, а отже, варто чекати найгіршого. Це також призводить до щораз більшого контролю.

Допомога
при панічному розладі

Робота з панічним розладом у психотерапії відбувається в кілька етапів.

1. *Психоедукація.* Чесно кажучи, є такі клієнти, яким для боротьби з панічним розладом достатньо однієї психотерапевтичної сесії. Це люди, у яких ще не дійшло до агорафобії в найскладніших її симптомах. Їм цілком вистачає *психоедукації* — пояснення природи панічної атаки і панічного розладу. Людина розуміє, що вона не померла і не помре, тому виходить від психотерапевта з абсолютним полегшенням. Для таких клієнтів лікар — справжній гуру, після якого вони увірують у психотерапію.

Проте психоедукація є першим етапом допомоги, навіть коли все складніше. Часом вистачає, аби хтось авторитетний просто сказав, що від панічних атак ніхто не помирає, це не хвороба і з людиною все буде окей.

2. *НАДи.* Другим етапом є робота з *негативними автоматичними думками* (НАДами). До них, як я вже казав, належать: «Зі мною знову станеться панічна атака», «Я помру», «У мене інсульт / ін-

фаркт», «Я збожеволію» тощо. НАДи — це думки, що автоматично виникають у нашій голові і мають негативне катастрофічне забарвлення. Якщо в клієнта виникає думка «Я помру», то я цікавлюся, скільки панічних атак у нього було. Клієнт відповідає, що, наприклад, тридцять. «І скільки разів ви померли?» — запитую я.

Отже, на цьому етапі слід пропрацювати з людиною всі думки, у які вона чесно вірить. Завдання психотерапевта — знизити градус тривоги: якщо людина на 80% впевнена, що вийде на вулицю і помре від інсульту, який станеться при панічній атаці, після роботи з лікарем це має бути принаймні 20%. Можна запропонувати навести докази «за» і «проти» того, що вона справді помре на вулиці. Якщо з доказами «за» все нормально: «Ну, мені ж було погано», «Це може статися будь-коли», «Люди на вулиці подумають, що я п'яний, і проминуть мене» тощо — то з доказами «проти» клієнт зазвичай каже, що таких не знає. Я питаю: «Чи були у вас інсульти?». Ні, інсультів не було. Ось перший доказ «проти». Наступне запитання: «Чи всі люди, у яких підвищується тиск, помирають від інсульту?». Ні, не всі. Це другий доказ «проти». І так далі. У цьому полягає суть другого етапу, бо сказати: «Ні, ви не помрете», — на цьому етапі вже не достатньо (це можна було робити під час психоедукації), людина має сама дійти до думки, що її переконаність у смерті необґрунтована.

Ось вам невелике домашнє завдання: перемалюйте табличку до свого зошита і спробуйте її заповнити.

НАДи	Емоції	Докази «за»	Докази «проти»	Реалістична думка
Я помру на вулиці. 95 %	Страх — 90 % Тривога — 100 %	Мені вже було погано; Це може трапитися будь-коли; У нас погана медицина; У мене стресова робота; «Швидка» часто не приїздить; Людям байдуже до інших…	У мене не виявлено захворювань; Мій тиск нормальний, хоч би скільки я його перевіряв; Від панічної атаки не помирають; Ніхто з тих, кого я знаю, не помер на вулиці просто так…	Я можу, як і кожен з нас, померти на вулиці — таке трапляється, але трапляється вкрай рідко, і цього точно не трапляється від панічної атаки… Тривога — 20 % Страх — 20 %
У мене інсульт. 80 %				
Я осліпну. 60 %				
Я збожеволію. 75 %				
Я не зможу себе контролювати. 90 %				
Люди не люблять мене і не нададуть мені допомоги. 100 %				
Ваші варіанти				

У першій колонці ви виписуєте всі негативні думки й відсоток віри в них у цей момент, у другій — емоції, що їх супроводжують, і відсток вираженості, у третій прописуєте всі реальні факти, що вам відомі з приводу думки, у четвертій — усі факти «проти», а в п'ятій — вертаєтеся до реальності й записуєте, що з вашою тривогою, у відсотках.

Це добре робити разом із психотерапевтом, бо він часто допомагає вчитися відрізняти факти від наших фантазій.

3. *Поведінкові експерименти.* Що робити, якщо клієнт каже: «Так, я все розумію, я напевно не помру, але мені все одно страшно»? Переходити до наступного, третього, етапу — до *поведінкових експериментів.*

Наприклад, я пропоную не брати тиждень із собою на вулицю медикаментів (корвалолу, гідазепаму й решти, без чого людина боїться виходити) і розробити гіпотезу, що може трапитися, у кількох варіантах:

а) ви помрете на вулиці;
б) з вами обов'язково станеться панічна
   атака;
в) люди накинуться на вас, щоб добити,
   коли ви помиратимете;
г) ви не помрете, усе буде гаразд.

Протягом тижня людина щодня виходить на вулицю і реєструє варіанти, які з нею сталися. Вочевидь, це завжди буде варіант *а* (інколи мої клієнти кажуть, що ходять до мене через почуття гумору). Також людина записує, чи трапилися панічні атаки. Коли вона робить це, її мозок учиться розривати цикли уникання, про які ми писали вище, і усвідомлює, що світ довкола — усе ще доволі безпечне місце.

Основне завдання поведінкових експериментів — позбутися всіх типів захисної поведінки: навчити не брати із собою медикаменти, воду, не зривати телефон рідним, не міряти постійно тиск, не дослуховуватися до своїх болячок, не лежати вдома.

4. *Експозиція*. Наступний етап — *експозиція*. Це стикання зі своїм страхом. Особливо при агорафобії. Уже знаючи, що нічого поганого не станеться, людина свідомо йде на зустріч із тим, що її лякає. При агорафобії — це вихід з дому, щонайменше на сходовий майданчик.

Я чесно попереджаю: коли людина вийде на сходовий майданчик, легше не стане. Коли вольовим зусиллям людина зробить крок назовні, її тривога тільки ще більше зросте. Але оскільки це відчуття не триває вічно, хочемо ми того чи ні, воно із часом почне спадати. Цей процес називається *габітуація*. Тобто наднирники припиняють виробляти кортизол і адреналін, і тривога спадає. Під час габітуації наш мозок учиться: навіть коли нам дуже погано, з нами не стається панічної атаки і ми не вмираємо. Далі треба робити наступний крок: вийти з дому і пройти двісті метрів по вулиці самостійно, без мобільного телефону, води, ліків і решти. Завжди кажу своїм клієнтам: якщо ви

Самостійний вихід з дому

	Рівень тривоги			
	на початку	через 15 хв	через 30 хв	через 1 год
День 1	100 %	75 %	75 %	60 %
День 2	80 %	70 %	50 %	40 %
День 3	80 %	55 %	40 %	10 %
День 4				
День 5				
День 6				
День 7				

помрете, то я за це не відповідальний, а якщо не помрете — то це моя перемога.

Разом із клієнтом ми малюємо графік на тиждень, де я виписую і реєструю завдання. Клієнта я прошу заміряти щодня свою суб'єктивну тривогу від 0 до 100 і фіксувати в цьому графіку. Наприкінці тижня, за умови регулярного виконання вправ, тривожність має зменшитися.

Ось вам іще одне домашнє завдання — подивитися, чим закінчиться ця табличка для вас. Ви вимірюєте суб'єктивну тривогу — тобто мірилом тривоги є ваші суб'єктивні відчуття.

Ви не завжди зможете прогулятись одразу годину. Тоді змінюйте таблицю. Починайте з 20 хвилин і трьох записів тривоги.

На мою думку, експозиція — це найефективніший спосіб боротьби з агорафобією. Хорошим показником є самостійний приїзд до психотерапевта: якщо людина може це зробити (бо найчастіше з таким клієнтом приїздить група підтримки, чо-

ловік, дружина, мама тощо), то динаміка позитив-
на і, найімовірніше, людина впорається з розладом.
Якщо ми говоримо лише про панічний розлад, то
на цьому етапі лікування може закінчуватися.

А якщо панічна атака все одно буде?

Ви можете запитати: а якщо панічна атака все
одно станеться? Звісно, вона може статися. Бо
заперечувати можливість панічної атаки — те
саме, що заперечувати природу. Аби зменшити
ймовірність нападів і мати міцну психіку, треба
традиційно добре спати, корисно харчуватися,
регулярно займатися сексом, відпочивати, бути
задоволеним партнерськими стосунками й мати
гарну самооцінку.

Якщо панічна атака таки сталася, просто доз-
вольте їй відбутися. Адже ви знаєте, що:

- ви від цього не помрете;
- це реакція вашого організму на
  небезпеку;
- вона час від часу з вами стається, бо ви
  тривожна особистість;
- вона мине через 3–5 хвилин.

Заспокойтеся, присядьте, вирівняйте дихання.
Цього цілком достатньо, але навіть якщо ви й цьо-
го не зробите — з вами, крім того, що буде страшно,
нічого не станеться.

І останній факт: панічні атаки — явище спек-
тральне. Це означає, що вони можуть бути різної

інтенсивності, з різним набором симптомів, різної тривалості й перебігу. Тому все-таки, якщо щось трапляється, пам'ятайте: є люди, які на цьому знаються.

3 Просто зроби це

Соціальна фобія

Уявіть, що сьогодні на вас чекає побачення вашої мрії, але ви не надто впевнена в собі людина. Ви знаєте, що ваш партнер / ваша партнерка — вершина всіх ваших мрій, і вам сьогоді потрібно мати ну просто найкращий за все ваше життя вигляд. Чи викличе це у вас тривогу? Якщо ні, знову закривайте цю книжку, несіть назад у крамницю й поміняйте на книжку «Як навчитися не брехати?». А загалом, вітаю ще раз у нашому клубі «тривожних пацієнтів»!

Отож давайте подумаємо про тривожну людину, яка дуже боїться не сподобатися на першому побаченні, і подивімося на її думки до, під час і після ситуації. Уявімо, що це тридцятирічний чоловік, який давно не ходив на побачення.

До ситуації. Це буде жахливо. Я прийду, як той придурок, а її не буде на місці. Вона просто з мене посміялася. Така жінка ніколи в здоровому глузді не захотіла би зі мною побачитися. Або вона просто хоче з мене постібатися... Ні-ні, вона нормальна, то я придурок. Я прийду, не зможу сказати ані слова чи буду нести ахінею. І знову буду червоний як буряк, а вона встане і піде геть. Ні-ні, вона надто ввічлива, вона досидить до кінця побачення, бо вона чемна, а на завтра не знатиме, як дивитися мені в очі.

Боже, який я жирний (або: який я дрищ). Що з моїм тілом? Я ненавиджу це жахливе тіло. Чого так тремтять ці чортові руки? Я все зіпсую.

Я маю виглядати якнайкраще. Я мушу її вразити. Треба придумати якісь дотепи. Придурку, ти ж зовсім не вмієш жартувати.

О Господи, навіщо я її запросив. Це буде повне приниження.

Під час ситуації. Я виглядаю, як останній лох. Вона усміхається з ввічливості. Я, здається, пітнію. Від мене смердить? О Боже, зараз вона почує, як від мене страшенно смердить. Ці руки такі липкі. Як я зможу до неї доторкнутися такими липкими руками? Вона думає про те, як найшвидше піти. Чому вона не йде? Вона каже, що я класний. А що вона має сказати — що я похмура какашка? Звісно, вона такого не скаже. Але подумає. Точно подумає.

Чому я такий тупий? Чого вона сміється з моїх тупих жартів? А що їй залишається робити? Вона просто чекає, коли весь цей жах закінчиться.

Після ситуації. Чому вона сказала, що ми завтра можемо знову побачитися? Вона жартує з мене чи їй просто мене шкода? Точно, вона просто мене пожаліла. А ця моя тупа історія про маму.

Хто говорить про маму на першому побаченні? Тільки такий недоумок, як я. Вона захотіла, щоб ми заплатили порівну, бо вона думає, що я такий невдаха, що навіть не можу оплатити вечерю з дівчиною. І цей соус, цей довбаний соус, що капнув мені на футболку. Як можна бути такою нездарою?

Таким, як я, не можна ходити на побачення. Таким, як я, взагалі не варто виходити з дому. Таким, як я, треба сидіти і не рипатися.

І все ж завтра в мене знову побачення... О Боже, я знову буду виглядати, як придурок...

Звісно, я трошки гіперболізую (насправді ні), але саме так працює соціальна тривога у людей з низькою самооцінкою. Це звичайний приклад соціальної тривоги. Це те, що відбувається в нас у голові, коли ми виходимо зі звичних для нас обставин: ідемо в нове для нас місце, маємо виконати нове завдання, потрапляємо в оточення незнайомих людей.

То чи потрібна нам соціальна тривога взагалі і чим вона відрізняється від соціальної фобії?

Соціальна тривога

Соціальна тривога притаманна всім людям на планеті. Ми всі тривожимося, що про нас подумають люди, який ми матимемо вигляд, чи не зганьбимося ми на новій роботі, у нових обставинах, при захисті проекту, під час знайомства з новим колективом, на побаченні чи просто прогулюючись у людних місцях.

Соціальна тривога є нормальною частиною нашого життя і допомагає нам будувати стосунки з іншими людьми, пам'ятати про правила поведінки, будувати кар'єру, створювати сім'ю — тобто робити все, що пов'язано з комунікацією з іншими людьми.

Проте ми вже знаємо, що інколи нормальна тривога перетворюється на розлад.

Нагадаємо, як відрізнити нормальну тривогу від ірраціональної. Ірраціональна тривога — це та, яка не відповідає дійсності, тобто якщо я думаю, що прийду на побачення, а жінка почне обзивати мене придурком і питати, чого я приперся, — це ірраціонально. Друга ознака ірраціональної тривоги — коли вона стає блокувальним чинником і витісняє всі інші думки, коли вона є перебільшеною за ситуацію. Наприклад, я приходжу на побачення, і мене починає так трусити, що я не можу зайти в ресторан. Третя ознака — коли тривога заважає жити. У мене є клієнтка, яка пройшла співбесіду і влаштувалася на нову роботу. Зранку вона зателефонувала мені й повідомила, що не може туди поїхати. Рівень її тривожності був таким високим, що це заважало їй нормально функціонувати.

Соціальна фобія

За названими вище трьома ознаками соціальну тривогу, яка є абсолютною нормою, відрізняють від *соціальної фобії* — вираженого страху перед соціальною комунікацією чи взаємодією.

Наприклад:

· страх публічних виступів;
· страх користування громадським
  туалетом;
· страх стояння в черзі;
· страх заходити в приміщення, де є багато
  незнайомих людей;
· генералізований страх знайомитися
  з новими людьми;
· генералізований страх вести розмову
  в принципі.

Найчастішим супутником соціальної тривоги є низька самооцінка з переконаннями: «Я дурний», «Я нікому не потрібний», «Люди хочуть мене образити», «Я безпорадний», «Я не такий, як усі» тощо.

А тепер згадаймо схему, про яку ми писали в першому розділі:

Ситуація → Думка → Емоція → Поведінка

І поміркуймо, як це працює, коли ми, до прикладу, приходимо на роботу в нову IT-компанію.

Ситуації	Думки	Емоції	Поведінка
Я йду працювати в нову компанію	**Компетенція** Я не впораюся Я нічого не вмію, нічого не знаю Це взагалі не моє Усі кращі за мене Я надто тупий, щоб тут працювати Невдовзі всі побачать, що насправді я нічого не знаю **Зовнішність** Усі побачать мої прищі Усі побачать, що я занадто худий / товстий Я маю жахливий вигляд Від мене тхне Мій одяг просто жахливий Вони такі класні, а я такий відстійний **Прийняття** Мене не приймуть Мене не будуть любити З мене сміятимуться Я зроблю або скажу якусь дурницю	Тривога Злість Сором **Тілесні реакції** Почервоніння Тремтіння Розгубленість Спітніння	Ступор або гіперком-пенсація

Ситуації. Я часто кажу, що будь-яка ситуація є нейтральною. Чому? Бо світові байдуже до наших проблем і переживань, це називається *холодна реальність*. Земля не перестане обертатися навколо своєї осі, якщо у вас щось трапилося. Ваша ситуація нічого не означає для світобудови і людей, які вас оточують, звісно, якщо не брати до уваги найближчих. Уявімо, що ви приходите на роботу в ІТ-компанію на junior-рівень (початковий). Ви багато й натхненно працюєте, і через якийсь час вас переводять у нову команду на middle-рівень (середній), а згодом підвищують до рівня senior (просунутий). Загалом кажучи, більшості людей, які працюють у цій компанії, все одно, що відбувається з вашою кар'єрою і в які команди ви залучені. Хіба найближчі до вас люди можуть надавати цьому якесь значення. Єдина людина, для якої це відіграє важливу роль, — ви.

Думки. Що ж ви думаєте у такій ситуації? Це залежатиме передусім від того, яка ви людина. Якщо ми говоримо про людину з нормальною само-оцінкою, вона, найімовірніше, подумає: «О, класно, мене взяли джуніором, усе ще попереду». Коли вона перейде на middle-рівень, то вважатиме: «Я — молодець, усі переконались у цьому, і тому мене підвищили». Коли цей працівник стане сіньйором, він подумає: «Ну шо, малята, ви зрозуміли, хто тут старший». Якщо в нас такий спосіб мислення, ми зазвичай нормально даємо собі раду в житті і рухаємося далі, але часто все буває не зовсім так.

Візьмімо за приклад когось із ваших тривожних колег. Припустімо, до вас у команду приходить нова дівчинка на junior-рівень. Які думки можуть у неї виникати? «Я не впораюся, я нічого не вмію, нічого не знаю, це не моє, усі кращі за мене». Ці думки стосуються компетентності, але ж ще її може турбувати зовнішній вигляд і тоді вона думатиме: «Усі побачать мої прищі, усі побачать, що я занадто худа/товста, я маю жахливий вигляд». І третє, про що може хвилюватися ця дівчина: «Мене не приймуть, мене не будуть любити, з мене сміятимуться, я зроблю або скажу якусь дурницю». Звичайно, для дівчини ця ситуація не є нейтральною, і такі думки почнуть викликати в неї певні емоції.

Емоції. Основна емоція людей, які змінюють умови чи обставини, — це соціальна тривога, тобто тривога перед контактами з іншими людьми або тривога за свою компетентність чи некомпетентність.

Друга емоція, яка може виникати, — злість. Вона може з'являтися при думці: «Я прийду в нову команду, а до мене всі будуть вороже налаштовані». Виникає страх, і людина може почати злитися, бо злість — це захисна реакція. Також можуть виникати сором і почуття провини. Наприклад, коли ми думаємо, що нас узяли на чиєсь місце, хто розумніший за нас, а насправді на цій посаді мав бути хтось кращий.

У нас можуть з'являтися тілесні реакції: почервоніння, тремтіння, розгубленість, спітніння. Будьмо відвертими, ми ще про всяк випадок три рази сходимо в туалет, і це нормальна реакція організму на тривогу.

Поведінка. Однією поведінковою реакцією є ступор: це коли пересихає в горлі, ми починаємо затинатися або не можемо пригадати того, що насправді знаємо. Здається, що відповідь ось тутечки, а ти не можеш відкрити рота, аби промовити бодай слово.

Проте є люди, які не впадають у ступор, а гіперкомпенсують, тобто починають виділятися, аби ніхто не подумав, що вони насправді бояться. Такі люди, наприклад, вважають, що мають не надто впевнений вигляд, і тому можуть почати шукати когось, над ким можна прикольнутися, аби видатись крутими.

Приблизно так це відбувається у тривожних добрих, милих людей. Ми всі плюс-мінус трохи тривожні, і багато хто з нас має трошки занижену самооцінку, тому ці речі більш-менш знайомі кожному з нас.

Що із цим усім робити?

Як навчитися справлятися з тривожними думками? Передусім потрібно усвідомити, що соціальна тривога — це нормально і вона потрібна. Ми не можемо позбутися її повністю, тож, знову ж таки, завдання психотерапії — не позбавити її, а навчити з нею жити. Тривога — це еволюційно закладений у нас механізм, який має важливі функції. Найголовніша функція полягає в тому, що тривога допомагає уникнути небезпеки. Соціальна тривога, зокрема, вчить нас уникати соціальних небезпек — конфліктів, непорозумінь, а інколи навіть міжособистісних воєн. Вона підказує нам, як завести друзів, партнерів і як знайти своє світле і чисте кохання. Вона потрібна — що тут ще скажеш?

І все ж інколи вона стає нам на заваді. Це стається тоді, коли вона бере гору над здоровим глуздом і почуттям гумору.

Тривожні кола

Цикли — це замкнені на собі способи реакції на тривогу, коли певний алгоритм думання, емоцій і поведінки завжди повертає нас до початку. Небезпека їх у тому, що вони здаються логічними, і нам інколи важко побачити, як вони поступово занурюють нас на роки в систему завчених зразків реагування.

Придивімося ближче:

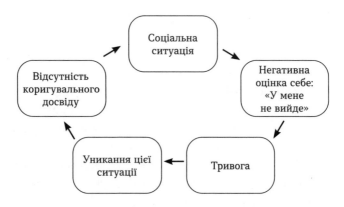

Цикл 1. Уникаюча поведінка.

Отже, все дуже просто. Ви потрапляєте в соціальну ситуацію — вас запросили на побачення. Звісно, ваша думка: «Я йому не сподобаюся». Тривожність зростає, ви кажете, що захворіли, і взагалі у вас немає часу на всі ці любові, і ви не знаєте, що це побачення могло закінчитися весіллям і купою малих надокучливих, але улюблених дітлахів.

Потім вас знову запросили на побачення… Що ви зробите? Ви вже знаєте.

Але уявімо, що ви не можете уникнути ситуації. Наприклад, ви таки приходите на нову роботу, у вас перший робочий день.

Цикл 2. Фундаментальна помилка атрибуції.

Фундаментальна помилка атрибуції

Фундаментальна — бо стосується всіх аспектів того, що відбувається.

Помилка — бо це недоведене емоційне сприйняття.

Атрибуція — бо стосується всіх атрибутів події.

Тобто якщо я прийшов на роботу з думкою, що все має бути, є і було жахливо, то мій мозок почне викривлено сприймати інформацію, і я собі таки доведу, що все буде, є і було жахливо. Я зчитуватиму кожен погляд, посмішку, жест, слово інших як ворожі. І логіка тут не має жодного значення. Я зумію собі довести, що все було саме так.

Отже, ми вже зрозуміли, що тривога має всі шанси зациклюватися. І третій цикл від моїх клієнтів:

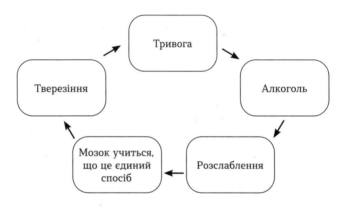

Цикл 3. Відтермінування тривоги.

Уявіть, що у вас тривога, вона викликає певні симптоми, ви починаєте їх приглушувати, наприклад, алкоголем. Спочатку вам стає легше, але наступного дня, коли дія психотропних речовин закінчується, ваша тривога нікуди не дівається, і основна проблема буде в тому, що мозок нічого не вчиться. Ні марихуана, ні алкоголь ще не допомогли жодній людині подолати соціальну тривогу. Уявіть ситуацію, коли невпевнений у собі хлопець напився на вечірці, зранку прокинувся поряд з дівчиною, дія алкоголю минула, і в нього почався ступор, він не може з нею говорити, а ще й думає: «Боже, тепер вона всім розкаже, який у мене малий пісюн». (Тут розмір зазвичай справді не має значення.)

Прийняття тривоги

І знову: що ж робити зі своєю тривогою? Відповідь одна, і дуже проста — нічого. Інколи тривозі треба дати відбутись. Якщо я знаю, що тривога — це нормально, то можу дозволити собі побути з нею. Чому це важливо? Якщо я собі цього не дозволяю, я намагаюся про неї не думати, у цей час відбувається ефект протидії, тобто що більше я їй противлюся, то глибше вона занурюється в мою голову, збільшує симптоми і починає розростатись і перетворюватись на замкнене коло. Якщо я починаю боротися з тривогою, то так чи інакше повертаюся до неї і продовжую робити те саме, бо мною керує думка, що її треба подолати.

Сядьте в крісло й посидьте зі своєю тривогою. Пам'ятайте, що тіло не може відчувати її постійно, тому потрібно дослухатися до нього й почати називати симптоми. Наприклад, ви відчуваєте, як усередині з'являється важкість, що блокує дихання, як пересихає в горлі, як тяжчою стає голова. Дозвольте собі із цим бути.

Це дуже важливий аспект терапії — просто дати своїм симптомам відбуватися, відчувати їх, бути з ними. Візьміть собі своїх 15 хвилин і просто сядьте в крісло. І відчувайте. Тривога почне накочувати хвиля за хвилею — будьте з нею. Не тікайте. Хай калатає ваше серце, хай розпирає груди, хай викручує живіт. Наша мета — не подолати тривогу, наша мета — бути зі своєю тривогою.

Далі — тримати ритм. Дослухайтеся до свого дихання. Дихайте спокійно, у своєму ритмі. Уявіть, як дихає все ваше тіло, спробуйте це відчувати. Тоді уявіть, як ви дихаєте крізь свою тривогу. Просто будьте із цим. У голову приходитимуть різні думки — це нормально. Спробуйте перемикатися на дихання. Думки знову приходитимуть. Знову перемикайтеся на дихання. Немає кінцевого результату — є лише процес. І нам треба навчитися бути в цьому процесі.

Камера біля нашої голови

Коли я приходжу на лекцію, у нову команду, у нову групу людей, я завжди думаю про те, який маю вигляд. Таке відчуття, ніби до мене прикута камера. Якщо я весь час думаю про себе, у мене точно будуть проблеми, мене опановує тривога — я думаю про те, що не можу помилитися, аби ніхто не побачив, що я тупий, маю жахливий вигляд і далі по списку. Усе, про що я думаю, стає для мене істиною.

Такі ситуації універсальні. Наприклад, я заходжу в супермаркет, і якщо в мене соціальна фобія, починають діяти ті самі механізми. Я сам із Дрогобича і, коли приїхав у Львів і заходив у хороший дорогий магазин, я не міг вибрати собі одяг, навіть якщо в мене умовно були гроші його купити. Я постійно думав, який маю вигляд, мені здавалося, що всі розуміють, що я «лох із Дрогобича». Я не міг сконцентруватися на одязі, я концентрувався на собі.

І ось рецепт: якщо ми розуміємо, що постійно думаємо про себе, потрібно згадати про камеру, що до вас прикута, і спробувати її розвернути. Вам стане легше.

Деколи на виступах я думаю: «Боже, а що якщо в мене шмарклі з носа вилізли?». Років сім тому я цілий семінар міг про це думати. Але коли подумки розвертав камеру, я починав бачити людей перед собою. Я бачив, що якась дівчинка в залі усміхається, якийсь хлопчик не такий уже і злий. Це дуже важливо. Коли ми розвертаємо камеру, нам стає трішки легше. У мене часто тремтять руки, особливо в перші 10 хвилин, і я дозволяю це, бо камера дивиться в аудиторію. І тоді ми розуміємо дуже просту істину: людям пофіг, бо кожен думає про себе. Інші також переживають за хороший вигляд, хвилюються, що вони не на своєму місці, що вони негарні. Можна сказати, що це ознака, яка всіх нас поєднує.

І ще одне, звісно, просто нагадую — почуття гумору. Почуття тривоги його боїться найбільше, тому треба вміти трохи із себе пожартувати.

Негативні автоматичні думки

Думки все одно автоматично виникають у наших головах, ми не можемо їх блокувати, і це треба чітко усвідомити. Наприклад, у мене постійно виникають думки, що все жахливо, але вдіяти із цим я не можу нічого. Тому так само, як і з тривогою, з думками не треба боротися. Уявіть, що ми хочемо, аби всі тривожні думки зникли з голови, і наш мозок починає витрачати таку кількість енергії, щоб не допустити цього, що в підсумку ми виснажуємося. І коли ми приходимо на роботу, у нас уже просто немає фізичних сил її виконувати, бо вся енергія пішла на боротьбу з думками. Отже, наше перше завдання — змиритися, що в наших головах виникають навіть найжахливіші думки, і це абсолютно нормально. Уявіть, що наші думки — зграя ворон, яка летить над головою, ми не можемо її зупинити. Так само ми не можемо зупинити потоку думок, але від нас залежить, чи ми дозволимо якійсь вороні зі зграї сісти нам на голову.

Когнітивно-поведінкова терапія

Після того як ми прийняли свої думки і дозволили їм існувати, починається когнітивно-поведінкова терапія. Вона непроста, особливо для тих, хто очікує простих рецептів. Принцип *когнітивно-поведінкової терапії* — що не записано, того не існує, тому, якщо ви хочете працювати зі своїми думками, вони мають бути зафіксовані.

Вправа з терапії думок:

1. *Записати ситуації, які викликають тривогу.* Наприклад: «Я йду на роботу чи в супермаркет, чи ще кудись».

2. *Записати всі негативні автоматичні думки.* Це короткі ствердні думки, що виникають автоматично. Наприклад: «Там буде жахливо».

Перелік типових коротких автоматичних думок при соціальній тривозі наведений у таблиці напочатку розділу. Слід записувати щоразу по 2–3 ситуації на день. На це потрібен час, але цього вимагає будь-яка психотерапія.

Чому важливо записувати? Наш мозок продукує тисячі думок, які створюють у голові шум, вони перетікають в інші, і ми їх губимо. Записування допомагає ідентифікувати, усвідомити й структурувати основні думки.

Якщо у нас виникають тривожні думки, але немає часу займатися самоаналізом, є два способи, дві маленькі метафори, які можна застосувати. Уявіть, що ви стоїте на зупинці, чекаєте на трамвай № 6, але їде № 9. Ви стоїте далі й продовжуєте чекати на потрібний трамвай. Те саме відбувається з думками. Коли в голову залазять різні жахливі речі, я просто маркую їх: «Окей, а от і жахливі думки», — і чекаю інших, не намагаючись із ними нічого вдіяти. Я ж не можу зробити так, щоб трамвай № 9 їхав по колії № 6, але я можу його просто пропустити. Це не вирішення глобальної проблеми, але це спосіб зняти напругу в певний момент. Уявіть, як трамвай із написом «Ти — лох» просто проїжджає повз вас, а ви дивитеся йому вслід.

Другий спосіб — *переключати уявне радіо.* Наприклад, є радіостанція «Ти — невдаха» і є «Ти — красунчик». Якщо ваш приймач налаштовано на станцію «невдаха», думайте, як можна перемкнутися на станцію «красунчик». Наприклад, я їду проводити семінар і думаю, що все буде жахливо, але потім перемикаюся на думки, що ще на жодному семінарі мені такого не сказали.

Наступним кроком буде *виконання когнітивної роботи*. Візьмімо до уваги думку, яка викликає тривогу: «Я завалю роботу». Перше, що треба зробити, — оцінити, як сильно ми в неї віримо. Якщо ми віримо в неї на 10 %, то нема чого і старатися, але якщо на 90 % — треба її зафіксувати, а також записати докази «за», що роботу ми таки завалимо. Наприклад: «Це нове для мене завдання», «Дедлайн сьогодні, я вже його порушував», «Колись ледве встиг», «Уже витрачено більше часу, ніж очікувалося», «Я погано почуваюся».

Тепер нам треба подумати про докази «проти»: «Насправді роботи не так багато», «Я робив щось подібне», «У мене є перші хороші результати», «Хтось уже із цим справлявся», «Ті, хто взяв мене на роботу, довіряють мені і знають мене», «Є кому допомогти».

Коли ці думки не підкріплені емпіричним досвідом, вони можуть нас дуже сильно зачепити. І тоді наше завдання — пройтися по цих доказах. Наприклад, доказ «Я раніше це завалював», але на противагу тому «Я багато разів виконував роботу добре, не все завалював, завалив лише дві роботи з п'ятдесяти». «Я колись не встиг», але «Багато разів я встигав і навіть виконував завдання швидше» і так далі.

Якою буде реальність, якщо ви таки завалите роботу? Може, і завалите. І це «може» дуже важливе. Реальність є такою:

а) ви справді можете не встигнути, але це не означає, що робота завалена, це не значить, що завдання не можна відтермінувати на далі, багато роботи буде вже зроблено;

б) ви можете завалити цю роботу з імовірністю 10 %;

в) навіть якщо ви завалите роботу, катастрофи не станеться.

Ось яку реальність потрібно дуже чітко прописувати для себе. Також потрібно відокремлювати негативні думки від реалістичних. *Негативні думки* — думки нашого критика, який формується в дитинстві, тому негативні думки належать до так званого конкретного мислення. Воно притаманне дітям: є конкретні причини — і є конкретні наслідки, як чорне і біле. Наприклад, Баба Яга — зла, а Котигорошко — хороший. Наші негативні думки, які сформувалися від глибинних переконань, є короткими і жахливими.

Реалістичні думки походять від нашої здорової частки, що сформувалась у дорослому віці й керується не конкретним мисленням, а абстрактним. Тобто чорного і білого немає, є, скажімо, 73 відтінки сірого. Таке мислення «бачить» спектр усіх можливих варіантів, які можуть відбуватися. Реалістичні думки — не ті, що звучать так: «Усе буде супер». Таке мислення «говорить» довгими обґрунтованими реченнями: «Сьогодні ти можеш не встигнути зробити щось, але ймовірність цього не така висока, ти можеш виконати 80 %, а не 100 % — і це теж буде добре». Тут розширюється горизонт того, куди можна розсіяти тривогу. Коли я думаю: «Усьому кінець», — це негативні думки, а коли думаю: «Окей, зазвичай я читаю довгі семінари, комусь із слухачів щось може не сподобатися, але на тлі решти це не катастрофа», — це реалістичні думки.

Зазвичай маленька тривога допомагає нам робити якісь речі краще, але велика, вочевидь, починає заважати. Один мій клієнт якось сказав: «Виконано краще, ніж ідеально». Якщо через високу тривожність я все завалюю, це «ідеально» призведе до того, що я не зроблю нічого, бо постійно перенапружений, а при напрузі мозку складніше працювати, бо йому постійно треба стримувати її.

Якщо ми записуватимемо свої думки, це перетвориться на звичку.

Іноді, коли ми дуже прошарені і в нас не такі вже великі проблеми із самооцінкою, ми можемо робити полегшений варіант вправи. Коли ми виписуємо думки, треба уявити, що всередині говорить критик. Потім навпроти негативної думки нам треба записати реалістичну думку. Наприклад, тривожна думка «Я не впораюся». Реалістична думка до неї — «Я можу впоратися, а можу і ні, і те і те — нормально. При тому в мене є досвід, коли я справлявся». «Я нічого не вмію» — «Якби я нічого не вмів, мене не взяли би на роботу, а навіть якщо не вмію, то навчуся». «Це не моє» — «На сьогодні це моє, сьогодні я тут, але щодня ми можемо обирати. Якщо я відчуваю, що хочу щось змінювати, то буду змінювати». «Тут усі тупі» — «Я серед них, для когось і я тупий. Коли ми кажемо такі речі, треба розуміти, що апріорі люди не тупі, вони мають різний рівень того, на чому розуміються». «Усі кращі за мене» — «Я найкраще роблю щось інше, я необов'язково маю робити все найкраще». «Я погано виглядаю» — «Я люблю себе таким. Я не маю подобатися всім і точно знаю, що в житті є люди, яким я подобаюсь, і така людина, окрім мами, — я сам. Зазвичай ми просто різні». «Мене не приймуть» — «Мене вже приймали, люди зазвичай нормальні і приймають інших, бо вони також хочуть, щоб їх приймали». «З мене будуть сміятися» — «Якщо і будуть насміхатися, то проблема не в мені, а в тих людях».

Якщо не можемо сформулювати реалістичної думки, ми повертаємося до попереднього варіанта й виписуємо «за» та «проти». Якщо й цього ми не можемо зробити, записуємося до психотерапевта і робимо це разом з ним.

Поведінка

Коли я хочу долати тривогу, я пам'ятаю, що певний рівень соціальної тривоги мусить бути завжди, але є пункти, які свідчать що вона перебільшена. Якщо вона перебільшена, я маю зрозуміти, що не треба з нею боротися, а слід навчитися приймати її і зрозуміти, які думки її викликають, бо тривога не з'являється на порожньому місці. Перед нею завжди є якісь думки. Я звертаюсь до своїх думок і починаю їх осмислювати. Якщо в мене мало часу, я їх відпускаю або «перемикаю радіо». Якщо є час і я працюю над собою, я починаю їх виписувати, шукати докази «за» і «проти». І в результаті переходжу на поведінковий рівень, який каже: «Іди і роби». Тільки коли я проводжу семінар, мозок розуміє, що я можу це робити. Мозок емпірично, через поведінку навчився цього. Коли ми виходимо із зони комфорту й переходимо на новий рівень, нам треба розширити зону комфорту, але цього можна досягнути лише практикою.

Усе це класно, але знову нагадую найважливіше правило — мозок найкраще вчиться на поведінці. Тому наступне завдання: *просто зроби це.*

Я знаю, що тобі страшно, але мені теж страшно — просто зроби це.

Я знаю, що ти не хочеш, але насправді дуже хочеш — просто зроби це.

Я знаю, що тобі сьогодні стало дуже зле, але ми знаємо це улюблене слово «психосоматика», отже — просто зроби це.

Я знаю, ти думаєш, що нічого не вдасться, але ти знаєш, що я в це не вірю, тому — просто зроби це.

Я знаю, що в тебе є ще тисяча різних причин не робити цього, і все ж — просто зроби це.

Усе, тепер ви готові йти на побачення. Напишете мені, як усе пройшло.

4   Я все контролюю

Обсесивно-компульсивний розлад

Два з половиною відсотки людей у світі мають обсесивно-компульсивний розлад (ОКР). І хоча це дуже складний розлад, ми з ним (і над ним) дуже багато жартуємо. Чому? Бо тривога, яка його супроводжує, хоче все максимально засерйознювати, а нам, навпаки, легше її витримувати саме за допомогою жартів. Але не забуваймо: ми сміємося над ОКР, але ніколи — над людьми, у яких є ОКР.

На жаль, перше звернення по допомогу серед людей з ОКР практикується в середньому аж через сім з половиною років після появи перших нав'язливих думок. Замисліться лише: сім з половиною років люди не звертаються по допомогу! Це свідчить, що на момент, коли вони приходять у терапію, їхні обсесії й компульсії зазнали тривалого розвитку, тому працювати з таким розладом психотерапевтам важче.

ОКР пов'язаний з потужним відчуттям сорому. Нам соромно, що в нас є ОКР. Соромно, що до нас приходять безглузді думки. Соромно, що ми виконуємо мало пов'язані з реальністю ритуали, створюючи ілюзію контролю над цими думками. Але ми не можемо нічого із цим зробити, бо тривога така сильна, що навіть усвідомлюючи безглуздість наших дій, ми продовжуємо далі.

Слід пам'ятати, що ОКР є інвалідизуючим розладом, тобто на обсесії та компульсії йде так багато часу, що людина фактично не може виконувати інших соціальних функцій. До того ж з ОКР не так просто боротися: ми добре розуміємо безглуздість думок, які приходять нам у голову, і способів, у які намагаємося їх позбутися, але нічого не можемо із цим удіяти.

Що таке ОКР?

Обсесія (дослівний переклад — «нав'язлива думка») — це думка, яка приходить у голову незалежно від нашого бажання й викликає у нас величезне відчуття тривоги. Дев'яносто відсотків людей у світі знають, що таке нав'язливі думки, і вони фактично не відрізняються від тих, що переслідують людей з ОКР. Але, на відміну від людей з ОКР, для більшості ці думки не становлять загрози. Буває, зранку ви почуєте по радіо пісеньку гурту KAZKA «Плакала» — і цілий день наспівуєте її подумки, цілий-цілісінький день не можете зупинитися, і здається, що ця мелодія просто-таки в'їлася у ваш мозок. Так, це саме вона — обсесія. Бувають і неприємніші обсесії, коли, скажімо, на кухонному столі ви поглянули на ніж — і вам подумалося: «От би взяти ножа і вдарити ним когось».

Подумати так може кожен з нас, і в цьому немає нічого страшного, адже навряд чи ми вирішимо перейти до дій. Тож якщо така думка у вас і виникла, але ви не відчуваєте тривоги з цього приводу, то й проблеми у вас немає. Зазвичай такі обсесії не затримуються в голові.

Однак у людей з ОКР усе відбувається по-іншому: від певної думки вони починають тривожитися, бо вона їх по-справжньому лякає. Тривога ловить випадкову думку, яка пливла собі головою, і починає її ятрити — у такому випадку обсесія затримується, а людина ніби й не хоче думати про неї, але не думати не може й відчуває через це величезну тривогу.

Аби зменшити тривогу, треба щось зробити. Наприклад, у мене виникає нав'язлива думка, що для моєї лекції конче потрібні певні фломастери, які я забув удома. Тож я за ними повертаюся, але оскільки вважаю, що повертатися з півдороги — погано, бо нічого не вдаватиметься, то вирішую тричі перехреститися на порозі дому. Таким чином я нівелюю той факт, що повернувся назад. Або ще такий приклад: що ми робимо, коли бачимо бабцю з порожніми відрами, яка переходить дорогу? Тричі плюємо через плече, аби нічого не трапилося. Це *компульсія* (дослівний переклад — «нав'язлива поведінка») — дія, яку ми вчиняємо, щоб нейтралізувати тривогу, яку викликає нав'язлива думка. Або, якщо брати наш приклад, дія, яка нейтралізує те, чого не існує. Бо бабця з порожнім відром ніяк не може нашкодити. Ну, хіба якби порожні відра йшли самі, тоді варто було б остерігатися.

Один важливий момент: діагностування ОКР — не така проста штука. Аби виявити цей розлад, потрібно чітко розуміти, що нав'язливі думки, які виникають у людини, — це продукт її розуму, її власний продукт. Бо якщо вона чує, що їх нашіптує хтось збоку, — це не ОКР, такій людині потрібен не психотерапевт, а психіатр, аби визначити, що з нею відбувається насправді, і призначити відповідне лікування. Отже, обсесивні думки є продуктом діяльності нашого мозку.

Друге, що відрізняє ОКР від психотичних розладів, — те, що ми розуміємо абсурдність обсесивних думок. Згадаймо мій приклад з поверненням додому по фломастери: я чудово розумію, що лекції та мої маршрути не пов'язані аж ніяк. Але все одно маю тричі перехреститися на порозі, аби заспокоїти свою тривогу.

Компульсії можуть бути мисленнєві (наприклад, тричі повторити про себе: «Моя лекція вдасться»), або ж вони можуть бути діями. Якщо нам не полегшало від придуманого нами ритуалу (тричі повторити про себе: «Моя лекція вдасться»), ми продовжуємо його розкручувати далі: повторити 9 разів, 21 раз, 133 рази. Цей ритуал має нейтралізувати першу думку, що лекція не вдасться.

Генетична схильність до ОКР

Предметом обсесії може бути будь-яка думка, але зазвичай вона так чи інакше пов'язана з досвідом. Ті 2,5% людей з ОКР, про яких я згадував на початку розділу, часто мають серед своїх родичів людей з ОКР. Тобто цей розлад, найімовірніше, має генетичне підґрунтя. Утім це не означає, що ми захворіли на ОКР через нашу генетику. Це означає лише те, що мозок може бути підготовленим до того, щоби мати ОКР, але аби його активувати, потрібен зовнішній чинник.

ОКР не є на всі сто відсотків захворюванням мозку, але він може мати ендогенну (внутрішньо зумовлену) причину. Якщо в корі головного мозку (а це та частина, яка, власне, «думає») є думки про те, що я все маю робити правильно, чи про те, що світ небезпечний, то це буде схильністю, яка допоможе всюди бачити небезпеку. У мозку є також поясрична попередня звивина, яка відповідає за пошук небезпеки. Якщо ця звивина має схильність шукати небезпеку дуже швидко, то вона так само швидко буде передавати до мигдалеподібного тіла чіткий сигнал про небезпеку. Після чого мигдалеподібне тіло — а це наша червона кнопка, що вмикає небезпеку, — починає голосно транслювати: «НЕБЕЗПЕКА». У цей момент людина яскраво відчуватиме тривогу. Ще одна частина нашого мозку — хвостате ядро — починає самостійно шукати вихід і створювати для нас якісь ритуали, аби цю небезпеку нейтралізувати.

Якщо людина має генетичну схильність до ОКР, від цього також залежатиме і процес лікування: у таких випадках він може тривати довше й не завжди приведе до повного зникнення симптомів. Так, інколи нашим завданням у терапії буде лише знизити, наскільки це можливо, вираженість симптомів, бо далеко не завжди ми можемо просунутися далі й досягти їхнього повного зникнення.

Стратегії боротьби з ОКР

Усі речі, які робить людина з ОКР, наповнені для неї абсурдним, але водночас глибоким сенсом. Їй не смішно, хоча вона й розуміє нелогічність своїх ритуалів. При цьому людина нічого не може з ними вдіяти, вона змушена дотримуватися їх постійно. Люди з ОКР для боротьби з нав'язливими думками використовують дві стратегії. Обидві погані.

Перша стратегія: людина починає уникати всього, що може активізувати нав'язливі думки, наприклад, ножів чи кімнат з ножами, якщо є думка, що вона може цим ножем когось убити. Людина так сильно намагається уникнути думок, так наполегливо прагне з ними боротися, що це призводить до посилення ОКР. Що більше вона намагається уникнути обсесій, то сильнішими вони стають.

Друга стратегія: людина починає шукати запевнення, хоче, аби її переконали, що вона не здатна на те, чого боїться, або що з нею цього не станеться. Тож усі ритуали починає будувати в пошуках цього запевнення. Наприклад, вона страшенно боїться, що може вбити свого друга.

Тож починає діставати близьких запитаннями на зразок: «Ти ж упевнений/упевнена, що я не зроблю нічого поганого, що не вб'ю когось?». І, звісно, її будуть переконувати, що вона не може вчинити нічого подібного. Людину це тимчасово заспокоїть, але потім з'явиться сумнів, бо ж ніхто не може дати сто відсотків гарантії, що все буде саме так. Тому їй це не допоможе, вона докручуватиме більше й більше, бажання почути запевнення дужчатиме, і вона втягуватиме у свою систему ОКР ще більше людей.

Обсесії

Усе починається з обсесій. Якими вони можуть бути?

- Я захворію на рак.
- Я можу когось убити.
- День мине погано.
- Крани не закручені.
- Я не зачинив / зачинила двері.
- Усюди мікроби.

Це один тип обсесій. Вони пов'язані з нашим тілом чи домом, і за ці речі нам менше соромно. Але є й інший тип думок, які зазвичай стосуються сексу й сексуальності. З такими обсесіями складніше працювати, бо до них додається страшне відчуття сорому. Наприклад, це може бути нав'язливий образ оголеної першої вчительки (обсесії можуть бути не лише думками, а й візуальними образами).

Зазвичай ОКР обирає для нас ті думки, які підходять саме нам. Як я вже казав, це пов'язано з нашим життєвим досвідом. Якщо нещодавно від раку помер друг, є ймовірність, що людина страждатиме від думок про рак; якщо в мене був незахищений секс із коханкою, а не дружиною, і це сталося вперше, і я не впорався з емоціями, у мене можуть бути нав'язливі ідеї про її небажану вагітність; якщо в когось були проблеми із самооцінкою і його звільнили з роботи, він може почати переживати, що когось уб'є (бо це надвияв сили, а він боїться бути слабаком). Тому мозок однієї людини буде страждати від постійних думок «Я хочу зарізати свого терапевта», а мозок іншої — від образів, скажімо, оголеного водія маршрутки.

Найскладніше працювати з релігійними ОКР, наприклад, коли в церкві в людини з'являються богохульні думки будь-якого характеру (як-от про секс з кимось зі святих отців). Такий різновид ОКР може бути лише в дуже релігійних людей. В інших він неможливий. Тобто потреба в духовності є такою великою, що виливається в тривогу, яка, своєю чергою, змушує до досконалого думання, яке починає реагувати на все, що не відповідає цій духовності.

Обсесія певною мірою схожа на панічну атаку: в обох випадках ми нічого не можемо із цим зробити (пам'ятаєте: ми лікуємо не панічні атаки, а лише панічний розлад — страх панічних атак. І ми не можемо зробити так, щоб у нас не з'являлися нав'язливі думки, бо їх мають 90 % людей на планеті). Обсесії самовільно виникають у нашій голові. Різні й дивні. І це абсолютно нормально.

Проте якщо в нас ОКР, то обсесії нас лякають. Чому? Тому, що ми починаємо надавати їм значення. Це один з найважливіших моментів у процесі лікування ОКР. Ми розуміємо, що ці обсесії абсурдні, але з'являється *надане значення* — мозок нашіптує нам: «Якщо ти про це думаєш, то це в принципі може статися». Якщо я починаю про щось думати (наприклад, що захворію на рак), то це може притягуватися. І надане значення лякає найбільше. Тобто первинно я розумію, що я не мав би захворіти, але РАПТОМ. Імовірність усе загострює. Надане значення суттєво погіршує стан людини.

Надані значення

Надані значення теж можуть бути різними:

- Якщо я про це думаю, то це може статися.
- Якщо я про це замислився, то я божевільний.
- Якщо це є в моїй голові, то я хворий / грішний / поганий / збочений...
- Усяке трапляється — раз я про це подумав, то недаремно.
- Тощо.

Отже, ми вважаємо, що «думати» дорівнює «діяти», а ще в нас релігійне виховання, яке каже: «Якщо ти думаєш нечисті думки, то ти сам нечистий».

Тобто якщо ви подумки матюкнулися в церкві (обсесія), то за таких вихідних даних, як описано вище, у вас може з'явитися ідея, що тим самим ви образили Бога (обсесія). Наступна думка, яка у вас з'являється: «Я відповідальний за ці думки, я маю себе контролювати» (надане значення). Або в мене могла з'явитися думка: «Я хочу вас убити» (обсесія). Оскільки я відповідальний за цю думку, це означатиме, що в мене справді є такий намір (надане значення). Відповідно, якщо він у мене є, то я справді можу це зробити. Я не хочу цього робити, але ж я про це подумав! Коло замикається, і це ще більше розкручує нашу тривогу.

Компульсії

ОКР тісно пов'язаний з контролем. Якщо ваша нав'язлива думка «Крани не закручені», ви будете переконані, що мусите постійно все контролювати, аби в домі не сталося нічого поганого. Тобто спершу ви сумніваєтеся, чи закрили кран, тому постійно перевіряєте, чи зробили це. А далі у вас знову виникає сумнів, адже люди не можуть бути впевненими в чомусь на сто відсотків. Ви починаєте фотографувати крани перед виходом з дому, аби мати підтвердження, що зробили це. Ви довго дивитеся на кран, аби точно зафіксувати у пам'яті, що ви цей кран таки закрили, таким чином ви робите своєрідний стоп-кадр — кран закритий. Це вже *компульсія*. Просто вона ще не така складна, якою може бути компульсія при ОКР. Але потім вона розростається: вам потрібно вже більше часу, щоб дивитися на кран, ви плутаєтеся, бо не пам'ятаєте, чи дивилися на годинник, аби зафіксувати час. Це може розкручуватися до нескінченності.

Обсесії й надані значення можуть поєднуватися в будь-яких комбінаціях, це залежить передусім від особистості. Скільки людей — стільки може бути й обсесій чи наданих значень.

Надані значення — це також думки в нашій голові. Але для ефективного лікування ми маємо розрізняти те, що виникає первинно, без нашого впливу (обсесії), і те, що ми починаємо додумувати, коли з'являються обсесії (надане значення). Саме з останніми думками ми будемо працювати в терапії як з неправильно наданим значенням. А обсесії вчитимемося приймати.

Надане значення, яке з'являється в людей внаслідок обсесій, спричиняє сильну тривогу. Інколи вона буває просто паралізуючою, такою потужною, що люди взагалі не можуть із собою нічого зробити. Ось я стою на сцені, тепер я маю підійти до її краєчка й подивитися вниз. Для чого я це роблю? Бо якщо я цього не зроблю, то не побачу прірви під ногами й не зможу перевірити, чи не сховався там диявол, який хоче мене туди скинути. Тому я маю все контролювати: я підходжу до краєчка сцени, зазираю вниз, аби переконатися, що все добре. Підійшов — зафіксував — відходжу. Хм-м-м, але ж диявол міг з'явитися там знову, тому я підходжу до краєчка сцени вдруге та знову зазираю вниз. Тривога в мені наростає, і щоб її вгамувати, я маю ускладнити процес першого ритуалу (підійти — зафіксувати — відійти). Тепер я впевнений, що маю повторити цей ритуал тричі, бо вирішую, що це Боже число. Але ж диявол дуже підступний...Тому я маю проробити все три рази по три. Тепер я знову відходжу, і переді мною дилема: оці тричі по три підходи з повторенням ритуалу слід було починати рахувати від моменту найпершого ритуалу чи це окремий ритуал? Я не можу вирішити цю дилему, тому починаю все спочатку. Після завершення цих 9 підходів мені починає муляти думка, а чи все я зробив правильно? Чи подивився уважно по кутках? А що, як ні? Тоді я знову починаю свій ритуал, але тепер стежу, аби уважно зафіксувати в голові кожен куточок. Так може тривати годинами.

Ось за такою логікою і працює ОКР.

Принцип роботи ОКР

Тривога, яка з'являється внаслідок наданого значення, може продовжувати наростати, і, відповідно, ми отримаємо повторне надане значення. Це працює так. У мене з'явилася думка, що я хочу вбити за допомогою ножа мого знайого Антона (обсесія). Надане значення: якщо я про це подумав, то, напевно, справді можу таке зробити. У мені точно є щось лихе, якщо я таке думаю. Я зіпсований. Ця думка викликає в мені величезну тривогу. Тут з'являється друге надане значення: якщо я тривожуся, то це все не просто так. Бо якби це було неважливо, то я так сильно не тривожився б. Друге надане значення: моя тривога є доказом того, що я можу скоїти це вбивство. Тривога зростає дедалі більше, це стає просто нестерпним.

Тепер я хочу лише одного: не думати про те, що хочу вбити Антона. Але коли я намагаюся про це не думати, повертаюся на початок: я починаю про це думати ще більше. Це викликає в мені надане значення: отже, зі мною щось не так. Слідом іде тривога, яка доводить: це — правда. І все. Таке враження, що нічого не може бути важливим. Не мають значення ані робота, ані сім'я — я просто хочу позбутися цих думок.

Якщо уникання не спрацьовує, я мушу виконати певний ритуал (компульсію), наприклад, звернутися до Антона і сказати, що не робитиму цього. Після цього я потроху заспокоююся. І якби ж на цьому все закінчилося. Але так не відбувається. Проблема полягає в тому, що в мене з'являється сумнів, чи цього достатньо. Це проблеми з контролем, адже я не можу контролювати всього на сто відсотків, тому в мене виникають сумніви, які ведуть до того, що я розумію — це все тимчасово. Або ж починаю уявляти, що Антона таки врятував ритуал, і якби не зробив цього, то я точно його вбив би. За таких умов мій мозок не набуває коригувального досвіду, я не можу побачити, що навіть без цього ритуалу я Антона не вбиватиму.

І оскільки розумію тимчасовість зробленого, я починаю ускладнювати ритуали, придумувати ще більше речей, які маю зробити. Так Антон оселяється в моїй голові, а я починаю придумувати безліч способів, аби уникнути сценарію з його вбивством. Далі я думаю, що в мене з Антоном не має таких дотичних місць, де я міг би скористатися ножем, як, наприклад, кухня. Але на кухні я бачуся із дружиною, тож починаю думати, що можу вбити її. Аби цього не допустити, я не заходжу разом з нею в кухню, де є ножі, прошу дружину ховати їх від мене, бо хто знає, що я можу зробити. Починаю уникати будь-яких гострих предметів… А тоді на кухню раптом заходять діти — і процес ще ускладнюється, бо я починаю думати, що можу вбити і їх. Цей страх настільки мене паралізує, що я боюся дихати в їхній присутності. Відповідно, щоб убезпечити дітей, я починаю уникати їх, кажу дружині, щоб вона ніколи не лишала мене з ними наодинці. І якщо дружина виходить на кухню, а я залишаюся з дітьми сам на сам, то страх мене буквально паралізує. Тоді, аби якось собі зарадити, я починаю додавати до поведінкових ритуалів ментальні. Ментальні ритуали можуть бути релігійними (молюся певну кількість разів) або нерелігійними (шукаю на вулиці 12 людей у червоних светрах, бо це може врятувати мене від убивства). І це мене заспокоює на нетривалий час.

Ще одна обсесія — думка, що я можу захворіти на рак. Я усвідомлюю, що не хворий, але ж усі можуть захворіти на рак, значить, і я можу. То навіщо мені про це думати й притягувати рак до себе? Логіка така: якщо я про це не думатиму, це зменшить імовірність того, що я таки захворію. Ритуали в цьому випадку можуть бути найрізноманітнішими. Що у вас асоціюється зі словом «рак»? Смерть. А зі словом «смерть»? Черепи, трупи. Тепер уявіть, що ви боїтеся захворіти на рак і водночас любите рок-музику. Що ви зробите в такому випадку? Ви починаєте відмовлятися від рок-музики, видаляєте всі свої плей-лісти. Ваш мозок будує асоціативний ряд типу такого: підведені чорним олівцем очі музиканта — це смерть, смерть — це рак, думати про це — збільшувати ймовірність захворіти на рак. Відповідно, потрібно видалити альбоми цього музиканта. Далі — гірше. Ви почули пісню «Час рікою пливе». Про що вона? Про скінченність буття. Скінченність буття — це смерть. Смерть — це рак. Думати про рак — підвищувати ймовірність того, що я захворію. Тож треба позбутися цієї пісні. А тим часом наш мозок продовжує шукати, що ще несе загрозу. «Білі троянди, білі троянди» лунає десь з вулиці. А ви одразу починаєте думати: кому дарують білі троянди? Білий колір — колір смерті, квіти дарують мерцям, тож «Білі троянди» — це пісня про смерть, пісня про смерть — це пісня про рак, відповідно, і цю пісню також треба видалити. Пісню «Білі троянди» переспівав гурт «ТіК». Значить, і гурт «ТіК» — це смерть. Хто співав із гуртом «ТіК»? Ірина Білик. Гурт «ТіК» — це смерть, тож Ірина Білик — це також смерть. Думаємо далі. Хто співав з Іриною Білик? Скрябін. А він узагалі помер. І все, в голові тепер цілковитий кошмар. Ось знак: Скрябін таки помер.

Потім я беру книжку з програмування, у якій на перших сторінках натрапляю на слово «хімія». Це погане слово. Хімія — це хіміотерапія. Привіт, рак. Знову. Мені потрібна ця книжка, щоб я міг кодити, але я не можу її читати. Хоча й розумію, що цей зв'язок абсурдний.

Маємо ще таку просту, на перший погляд, обсесію: «День мине погано». Якщо мене переслідує така думка, то дуже важливо, щоб зранку все пройшло правильно. Я можу збиратися на роботу три години, переробляючи все по кілька разів, адже якщо ранок мине погано, то й увесь день пройде так само.

І ще одна обсесія, пов'язана з мікробами. Вони всюди (на'язлива думка), і я маю їх контролювати (надане значення). З такими думками я буду змушений постійно мити руки. Наприклад, я беру в руки миту картоплю, але ж на ній міг причаїтися мікроб! Звісно, міг. І тепер він десь тут, у повітрі, тепер я маю його якось нейтралізувати, бо він може впасти в каструлю з водою, яку я підготував для борщу. А якщо це так, то такою стравою може отруїтися вся моя сім'я. Відповідно, я буду змушений викинути каструлю з борщем. Тож знову йду мити руки й паралельно вмикаю телевізор, щоб про все це не думати. І це погіршує ситуацію, бо я на хвилинку заслухався — і раптом до мене доходить: а що з мікробами?! Я ж не контролював їх. Далі я дивлюся на раковину, де стоїть відкрита пляшка з мийним засобом. Який жах! Усі рідини випаровуються, і ця рідина також, тож зараз десь у повітрі є частинки цього мийного засобу, а це — хімія. А якщо ця хімія осяде в борщі, який я варю? Виливаю борщ, викидаю мийний засіб і про всяк випадок перемиваю посуд, але без мийного засобу це робити важко, тому посуд я мию дуже довго. Це сильніше за мене, я нічого не можу із цим зробити.

Ритуали релігійного ОКР зазвичай стосуються молитов. Бо чим можна виправити всі гріхи? Молитвами, сповіддю, причастям. І ось я починаю ходити на сповідь щодня. Не тому, що нагрішив, а тому, що нечистий. Я починаю молитися. Але знаєте, що найскладніше? Молитва має бути ідеальною, бо неідеальна молитва не зараховується. А прочитати ідеальну молитву дуже складно. Спробуйте це зробити й бути усвідомленим на кожному слові. Не виходить? Така молитва не зарахується. Тому прочитати цю молитву слід ще раз — 3 рази — 9 разів — 21 раз і так далі. І це триває так довго, що завершити ритуал уже неможливо, а я втомився, а завершити треба, і розпач паралізує, а тривога наростає.

Цілі вищого порядку

Якщо людина починає здійснювати ті чи інші ритуали, вона не коригує наданих значень. Тобто якщо є надане значення «Я маю все контролювати», то, виконуючи ритуали, людина з ним не працює, а насправді їй треба попрацювати з тим, що вона не мусить усе контролювати. Якщо із цим значенням не працювати, воно закріплюється і починає впливати на свідомість ще більше. Система ОКР постійно оновлюється й закріплюється. Це її загальна модель, під неї створені відповідні протоколи для роботи в психотерапії, але це ще не все. Насправді треба працювати із цілями вищого порядку.

Цілі вищого порядку — це те, чому присвячений ОКР, це наші базові потреби. Якщо в мене є глибинне переконання, що світ небезпечний, бо мої батьки були тривожними, у мене з'являється правило життя: «Я постійно маю бути пильним».

А це прекрасна нагода, аби в мене розвинувся ОКР. Глобальне питання полягає не в тому, щоб працювати лише з ОКР, потрібно працювати з давніми установками, які йдуть з нашого дитинства, з тим, чому підпорядковується ОКР, із цілями вищого порядку.

Цілі вищого порядку — це всі наші уявлення про світ і те, що ми із цим світом робимо. Якщо в моєму світі є ідея, що я можу померти, а смерть — це жахливо, у мені оселяється страх смерті. Зараз у мене немає ОКР, але з такою глибинною установкою в моїй голові може легко виникнути думка, що я помру від раку. Або: якщо я з релігійної родини і мені змалку втлумачували, що за мастурбацію я потраплю в пекло, то, вочевидь, у мене є глобальна ідея, що я маю бути чистим. Тож мені 22 роки, і в мене не було сексу, бо секс до шлюбу неможливий, а сексу хочеться, бо мені 22 роки, а у 22 роки сексу хочеться всім. Тому в моїй голові може з'явитися образ оголеної вчительки чи якась богохульна думка, яка стикається з ідеєю, що я не маю права бути грішним, бо всі мої цілі вищого порядку були цьому підпорядковані. А от думки про незакручені крани можуть виникати в людей, які постійно чекають від світу якоїсь катастрофи, вони живуть у режимі очікування загрози. ОКР обирає для нас думки, які найбільше пасують нашим цілям вищого порядку. ОКР фактично задовольняє той запит, який ми самі собі придумали.

Що запускає ОКР?

ОКР можуть запускати цілі вищого порядку, генетична схильність, критичні події чи тригери. Приклад *критичної події*: мій друг захворів на рак і помер; я бачив смерть від раку близької мені людини; а ще в мене є тривога за власне здоров'я, тож ця подія (смерть друга) включає думки, що молоді люди помирають від раку, тобто я також можу померти від раку. Далі обсесія розвиватиметься за схемою, яку ми описали раніше. У терапії важливо знати, із чого все почалося, це може дати додаткові факти для розуміння ситуації.

Що стосується *тригерів*, то тут ідеться про події, які постійно нагадують, що щось таки може статися. Наприклад, якщо ваш ОКР пов'язаний зі страхом захворіти на рак, а ви мешкаєте біля онколікарні, вам буде дуже важко ходити повз неї. Ви постійно думатимете: «Он ідуть люди. Чому вони йдуть? Очевидно, бо хворі на рак». І щоразу, коли ви це помічатимете, запускатиметься система ОКР.

Якщо говорити про терапію, то для неї найважливішими будуть *цілі вищого порядку*. Бо якщо у вас, наприклад, проблеми із самооцінкою, з баченням світу, то є висока ймовірність, що ви раз у раз повертатиметеся до тих самих патернів поведінки.

ОКР може бути як *наростаючим* (як в описаних раніше випадках), так і *циклічним*. Із циклічним ОКР усе відбувається наступним чином. Наприклад, у дитинстві я був худим, і з мене через це у школі знущалися, тому в мене з'являється ідея, що я маю бути сильним. Я йду в качалку, тренуюся — і все добре, бо в мене є ціль вищого порядку «бути сильним». Але одного дня мене звільняють з роботи, тоді мене починають переслідувати думки, що я маю когось убити. Чому? Бо я мушу довести, що сильний. І знову розкручується цикл ОКР. Якщо мене беруть на роботу, все налагоджується, ОКР минає, мені не треба більше нікому доводити, що я сильний. Але якщо знову трапляється якась критична подія — мене знову звільнять чи дружина зрадить, — ОКР знову запуститься. І це відбуватиметься постійно.

ОКР дискомфорту

Є ще один тип ОКР, не пов'язаний з тривогою, — *ОКР дискомфорту*, або ОКР порядку. При такому розладі в людини немає жодних поганих думок, просто коли ці два довбані фломастери не лежать правильно на столі, вона відчуває дискомфорт. Людина не має думок чи ідей, що викликають тривогу, лише відчуття дискомфорту. Вона не надає цьому значення, що має щось контролювати. Просто в неї обсесія (фломастери мають бути складені правильно) і компульсія (вона має їх правильно поскладати). Не слід плутати ОКР дискомфорту з перфекціонізмом. Різниця виявляється в питанні: чи можу я заснути, якщо фломастери лежать у неправильному положенні? Якщо можу, то ОКР у мене немає. Якщо ж ні — то це він.

Отож:

Цикл 1. Цикл захисної поведінки
(уникання, пошук завірень, «недумання думок»).

Ми знаємо, що нейтралізуюча поведінка може набувати різних форм:

- Компульсія — власне ритуал, щоб нейтралізувати обсесію.
- Уникнення — бажання втекти від ситуації, де може бути тривога.
- Завірення — постійне бажання, аби інші підтвердили, що ваші обсесії хибні.
- «Недумання думок» — намагання не думати.

Це приводить до тимчасового полегшення, на якийсь короткий момент, і тоді мозок фіксує, що це допомагає. Проблема в тому, що мозок не фіксує, що нічого не сталося б і без усіх цих нейтралізуючих активностей, тому за нової обсесії знову починає вмикати бажання виконати компульсію.

Цикл 2. Цикл наданого значення.

Коли ми виконуємо компульсивну поведінку, то не працюємо з наданим значенням, тобто не вчимо мозок, що ритуали робити не потрібно. Варто усвідомити, що надане значення хибне — тобто насправді те, що в нас є обсесивні думки, — нормально, їхня наявність не свідчить, що вони матеріалізуються, що ми справді хочемо це робити.

Лікування

Перше, із чим ми працюємо, — це надані значення. Людина не зможе здолати компульсії (нав'язливу поведінку), поки в неї буде сильна віра в надане значення. Тому вона має подолати їх. Наприклад, у мене є ідея: якщо я буду думати про смерть свого терапевта, він таки помре, бо моя думка матеріальна. Обсесія: терапевт може померти. Надане значення: думки матеріальні, раз я про це думаю, це може статися. Що в такому випадку зробить терапевт? Він порадить мені спробувати влаштувати експеримент: увесь тиждень старанно думати про його смерть. Якщо протягом тижня я займатимуся цим, а потім повернуся й побачу, що з терапевтом усе добре, у мене можуть з'явитися сумніви: очевидно, з ідеєю про матеріалізацію думок щось не те.

На цьому етапі не можна вчити не думати про обсесії (нав'язливі думки). Бо це означає уникати, а уникнення лише посилюватиме ОКР. Єдине, що ми можемо сказати: окей, у твоїй голові є ці думки, тож просто будь з ними. Так, ми навчаємо думати свої обсесії, дозволяти їм бути в голові, але не приписувати їм наданого значення, ніби вони означають щось більше, ніж просто думки. Мої думки ще нікого не вбили — тож хай собі будуть у моїй голові.

Уже згодом, коли буде проведено роботу з наданими значеннями, терапевт зможе навчити людину працювати з обсесіями. Вона вчитиметься відрізняти їх від інших думок і маркувати, як листи зі спамом: ставити пташку (пташка під назвою

«ОКР»), натискати на внутрішню кнопку «СПАМ» і йти далі. Чи означає це, що спам не прийде завтра? Прийде, звісно, адже обсесії знову з'являться, але ми не будемо з ними боротися, а дозволимо їм бути, потім поставимо пташку — і знову в спам. Ми робимо це у своїй електронній пошті постійно, а спам приходить усе одно. Якщо в нас усе добре — ми не надто через це переживаємо.

Проте часом у цьому також криється небезпека: ми маркуємо думки статусом «Спам», бо дуже боїмося їх і хочемо пошвидше спекатися. Тоді повертаємося до початку: спершу дозволяємо їм бути, долаємо тривогу, працюємо з наданими значеннями, а тоді відправляємо в спам.

Друге, що треба знати: терапевт розбирає надані значення разом з клієнтом лише раз. Далі людина має працювати сама. Бо якщо ви ходите до терапевта, а він постійно повторює, що ви не помрете від раку й не збожеволієте, то він вас не лікує, а просто дає запевнення, якого ви так потребуєте. А запевнення не приводить до набуття нового власного досвіду.

Наступний етап лікування — габітуація до тривоги. ОКР викликає дуже сильне відчуття тривоги. Тому ми маємо навчитися бути з нею, бо тривога — це нормально і від неї ніхто не вмирає.

Далі ми працюємо з ритуалами. Спершу намагаємося відмовитися від них повністю. Тобто якщо я підходжу до краю сцени перевірити, чи немає там диявола, то я маю перестати це робити. Взагалі. Якщо ритуал пов'язаний з молитвою, то терапевт попросить вас відмовитися від будь-яких молитов повністю. Звісно, вам як клієнту хотілося б перейти від молитов-ритуалів до молитов звичайної людини, але інколи відразу це неможливо, тому терапевт проситиме вас повністю відмовитися від них на час лікування. Повернутися до норми ми зможемо лише після того, як вилікуємося від ОКР.

І аби максимально нівелювати ритуал, терапевт може попросити вас зробити щось, на перший погляд, дивне. Наприклад, облизати палець, яким перед тим ви провели по підлозі (якщо ОКР пов'язаний з мікробами). Один клієнт (не мій, мені розповідали) дуже боявся викидати сміття, бо йому здавалося, що в баках можуть бути мертві тіла. Тож у нього було завдання ходити з палицею і штрикати сміттєві баки.

Уявімо: ви боїтеся, що заріжете свого терапевта. Що він робить? Витягає ножа, дає його вам у руку й повертається спиною. Так ми й стоїмо, поки клієнт не заспокоїться.

Чому терапевти на таке йдуть? Бо людина, яка має страх щось учинити, НІКОЛИ цього не зробить. Основа ОКР — це страх. Тому ми, як терапевти, інколи змушуємо людей робити безглузді речі. Наприклад, одна моя клієнтка мала завдання додати крапельку «Фейрі» в суп і нагодувати ним гостей. Усе нормально, усі живі й здорові. Основа цього методу — зробити щось на противагу тому, чого ви так боїтеся. Важливий момент: терапевт не може дати клієнту завдання, якщо сам терапевт не готовий його виконати.

Отже, спершу забираємо ритуали, а потім робимо щось на противагу тому, чого боїмося. Для чого? Щоб перетнути межу страху у протилежний бік і залишитися на середині: якщо я дуже боюсь мертвих тіл у смітниках, то штрикаю смітники, аби подолати страх і щоб потім не штрикати смітники й не боятися смітників. Якщо я боюсь отруїти гостей мийним засобом, я додаю крапельку (невеличку таку) в суп (цього буде достатньо, аби збожеволіти від страху, але не отруїти гостей), аби потім спокійно мити ним посуд. Завершивши роботу на цьому етапі, ми починаємо працювати із цілями вищого порядку. Чому ви думаєте, що маєте все контролювати? Звідки страх смерті? Чому ви так боїтеся мікробів? Чому ви вважаєте, що можете когось убити?

Робота із цілями вищого порядку — це окрема терапія, яка проводиться після того, як ми пропрацювали всі попередні етапи. Якщо ми не наведемо ладу в цілях вищого порядку, то при наступному тригері ваш ОКР може повернутися.

Це можна проілюструвати наступним чином. Уявіть, що я живу в дисфункційній сім'ї (залежності, насильство тощо), уся ця ситуація викликає в мене тривогу, але оскільки я не можу жити з тривогою, то мушу взяти все під контроль. Контроль вимагає від мене організованої картини світу, а найкращий спосіб це зробити — придумати собі ритуали, упорядкувати все. Якщо я не виконую своїх ритуалів, у мене з'являється тривога, і ось — привіт, ОКР. Усе це — цілі вищого порядку, це надбудова, яку ми також повинні пропрацювати після лікування власне ОКР.

Назагал обсесивно-компульсивний розлад неймовірно цікавий, і він з'являється у дуже добрих, розумних, духовних людей. Просто інколи нам так хочеться довести свої чесноти до досконалості, що будь-яка недосконалість починає лякати. Давайте ж дозволимо собі просто бути. Досконалість залишимо для мистецтва.

5 Стрибок у минуле

Посттравматичний стресовий розлад

У цьому розділі ми говоритимемо на непросту тему. Посттравматичний стресовий розлад стосується відносно невеликої кількості людей, однак про нього важливо знати, бо травма залишає болючі шрами, і ми можемо натрапити на ці шрами серед близьких і рідних нам людей.

Ліричний відступ у КПТ

Почнімо з короткого екскурсу в основи психотерапії. Поговорімо про когнітивно-поведінкову терапію (КПТ).

Основний принцип КПТ дуже простий: усе наше життя можна розглядати крізь призму ситуацій, що з нами трапляються, і все наше життя і є сумою цих ситуацій. Наприклад, ви читаєте книжку, хтось їде в маршрутці, а я, мабуть, проводжу терапію. Хай як дивно це звучить, але світу як такому абсолютно байдуже, що ми з вами робимо в цей конкретний момент. Він собі, знай, крутиться, Усесвіт розширюється, люди на маленькій планеті Земля і далі продовжують займатися своїми поточними справами. Нічого глобально не зміниться: будете ви читати книжку тут чи в іншому місці, чи взагалі не читатимете. Земля собі й далі крутитиметься. Це те, про що я вже згадував вище і що я називаю «холодна реальність». Ці ситуації просто є, вони існують без будь-якого особливого значення.

Проте одного разу я таки беру в руки цю книжку, таки обдумую написане в ній—і тоді ця конкретна подія (ситуація) для мене особисто вже не позбавлена сенсу. У когнітивно-поведінковій терапії ми розглядатимемо наше життя, кожну деталь у ньому лише з позиції того, що вона осмислена, має певне значення особисто для нас. Ми починаємо думати про цю ситуацію і таким чином надаємо їй значення.

Якщо простіше: уявіть, що ви йдете по вулиці й бачите розбиту пляшку. Ви можете повертатися з роботи заклопотаними й не звернути на неї жодної уваги, взагалі не помітити. Тобто ситуація сама по собі існує, але не для вас, бо не було її відображення у ваших думках. Інша людина йтиме тією самою вулицею, але буде, наприклад, роздратована, тому, коли вона побачить пляшку, у її голові виникне ідея: «Боже, знову ці безхатьки. І хто ж в цій країні за порядком стежить?». Для цієї людини описана ситуація вже набуде певного сенсу. Якщо ж, навпаки, хтось прогулюватиметься з гарним настроєм, закоханий, радісний—він побачить розбиту пляшку й подумає: «Боже, як вона схожа на квітку». Настрій після цього ще більше покращиться — щаслива людина надала зовсім іншого забарвлення цій ситуації. Проте насправді сама по собі пляшка і вулиця є абсолютно нейтральними, вони нічого не означають поза контекстом.

Це важливо розуміти: події зазвичай не мають емоційного навантаження поза контекстом, якого ми надаємо їм своїми думками. Тобто саме наші думки творять емоції, навіть якщо інколи здається, що останні виникають нізвідки. А вже забарвлена емоціями, наша психіка починає продукувати сигнали до поведінки.

Ситуація → думка → емоція → поведінка

Саме таким є основний алгоритм усіх наших життєвих подій. І саме через нього когнітивно-поведінкова терапія досліджує й пояснює всі наші труднощі. Важливо зрозуміти, що цей алгоритм лежить на поверхні, бо за кожним його елементом — досвід усього нашого життя, тип нашого темпераменту, зовнішні обставини. Це ускладнює цю просту схему й додає їй глибини, яка допомагає зрозуміти суть наших внутрішніх конфліктів.

Якщо взяти до уваги все вищезгадане, когнітивно-поведінкова терапія впливає на три чинники — думки, емоції, поведінку. Змінюючи наше бачення ситуації, наші думки, ми змінюємо емоції — і тоді змінюється поведінка. Також ми досліджуємо, чому саме такі думки характерні для нашого способу мислення. Ми вивчаємо наші емоції й допомагаємо їм розкриватися. І, звісно, пробуємо змінювати поведінку, аби виходити із замкнених циклів невдач.

Підсумовуючи цей ліричний відступ, скажу: не вірте всім своїм думкам, розкривайте свої справжні емоції і пробуйте діяти хоч раз по-іншому, ніж зазвичай, — і зміни стануть реальністю.

ПТСР. Два види травм

Здається, що про цей розлад ми почали направду голосно говорити лише у 2014 році у зв'язку з російсько-українською війною. Нас лякав факт, що хлопці, які пішли на війну, переживають там страшні події, а коли повернуться назад, страждатимуть від ПТСР. Відтоді ми почали активно цікавитися ним, хоча відомий він здавна, бо травма — річ, відома людству споконвіку, її досліджували чимало психологів, ще від Фройда, який називав її Істерією.

Отож *посттравматичний стресовий розлад* — це розлад, який з'являється після певної психологічної травми (тому і *пост-*). Якщо описувати ПТСР простими словами, то можна сказати, що це якась пережита нелегка подія, що «застрягла» в нашому мозку. Варто знати, що це біологічно зумовлена проблема і аж ніяк не чиясь фантазія, не стан, з яким прийшов раз-двічі до психотерапевта — і виходиш як нова копійка.

У цьому розділі ми обговорюватимемо багато прикладів, розкладатимемо по частинах нелегкі теми. Тому, думаю, важливо зауважити: якщо у вас прочитане якось пов'язується з пережитим досвідом минулого, то краще відкладіть цю книжку і просто побудьте в собі, спробуйте розібратися в думках, які виникли, аби цей розділ не став для вас травматичним, бо я не знаю вашого минулого й не уявляю, через що вам довелося пройти. А це важливо розуміти: інколи чути про травми також може бути травмою.

Якщо брати до уваги статистику, то одну травматичну подію в житті має 70 % людей на планеті. Багацько, правда? Від трьох і більше — 17 % чоловіків та 13 % жінок. Чому така нерівність? Просто перші більше схильні до насильницької поведінки, частіше беруть участь у війнах і потрапляють у халепи. На щастя, не кожен з тих, хто пережив травматичну подію, матиме посттравматичний стресовий розлад. Лише кожен п'ятий серед тих, хто у своєму житті мав важку травматичну ситуацію, виявить у себе ПТСР (приблизно 20 відсотків всіх, хто пережили травматичну подію), з них 8 % чоловіків і 20 % жінок. В кожен момент часу 5 % населення мають посттравматичний стресовий розлад. Насправді чоловікам важче переживати травматичні події, бо їм властивіше уявляти себе сильними. Після такої ситуації в них часто ламається ідея їхньої мужності. Жінки менш схильні приділяти увагу фізичній силі, тому й складні непередбачувані ситуації зазвичай переживають легше. Але, незалежно від статевого співвідношення, наявності криз чи воєн, у світі в кожен момент часу 5 % населення мають посттравматичний стресовий розлад.

Важливо знати, що не всі травми призводять до ПТСР. У когнітивно-поведінковій терапії ми розрізняємо два види: так би мовити, *травма* з малої літери й *Травма* з великої. Одразу наголошую, що і перша, і друга є однаково складними для нашої психіки. Проте відмінність таки є.

- Травми з малої літери «т» (*т-малі травми*) — це ті нелегкі події, які не загрожували нашому життю. Сюди зарахуємо раптове звільнення з роботи, розлучення, серйозну сварку, кризу на фондовій біржі, банкрутство тощо. Ці події можуть викликати депресію, обсесивно-компульсивний розлад, панічні атаки й цілу низку інших психологічних проблем — усе, що тільки може бути... окрім посттравматичного стресового розладу. Тобто якщо ви розлучитеся чи втратите роботу, ПТСР у вас нізащо не з'явиться.
- На противагу першим, травми з великої літери «Т» (*Т-великі травми*) загрожують нашому життю або ідентичності. Наприклад, ДТП, воєнні дії, побиття чи зґвалтування. Сьогодні до цього переліку також зараховують «споглядання смерті інших». Тобто коли ви не є учасником, а свідком важкої травматичної події. Це часто трапляється на війні, коли на ваших очах помирає товариш. Як ми вже згадували, лише кожен п'ятий серед тих, хто пережив Т-велику травму, матиме ПТСР. Ба більше, зазнавання Т-великої травми буде першим і найважливішим діагностичним критерієм, бо без наявності

важкої травматичної події у вашому
минулому психотерапевт не може
діагностувати у вас цей розлад.

Ознаки Т-великої травми

Першою ознакою Т-великої травми є *раптовість*.
Бо неможливо підготуватися до ДТП, до кульового
поранення на війні, до зґвалтування. Навіть дума-
ти не хочеться, що таке може трапитися з кимось
із нас, не те, що готуватися до цього. Тому травми
для нас апріорі спонтанні, навіть якщо ми перед-
бачаємо, що вони можуть трапитись.

Друга ознака — *наявність руйнівної сили*. На-
приклад, коли трапляється ДТП, ми не можемо
керувати ні нашим автомобілем, ні своїм тілом
чи ще якимись обставинами. Це завжди небез-
пека для життя та ідентичності. Це завжди без-
вихідь.

Як це працює? Усі ми, люди, залежні від безпе-
ки. Безпека — це те, що дає нам зараз змогу спо-
кійно читати цю книжку. Мозок розуміє, що нам
нічого не загрожує, світ і далі існуватиме, навіть
коли ми завершимо цей розділ чи дійдемо до ос-
танньої сторінки. Тобто мозок може передбачити,
що з нами відбуватиметься в найближчому май-
бутньому.

Проте якщо зараз на мить уявити, що весь зати-
шок зникає, над нами нависає дядько з автоматом
і ми не знаємо, чи, підвівши погляд з книжки, не
отримаємо кулю між очей, ми вже не зможемо
читати далі, бо в цей момент єдиним актуальним
запитанням буде: «Чи зможу я вижити?». Без сум-

ніву, безпека є базовою річчю в нашому житті. А уявіть, що в людей, які переживають травму, це відчуття зникає, тобто в певний момент вони розуміють, що більше не вирішують, чи житимуть наступної хвилини. Наш мозок і наша психіка можуть цим так налякатися, що почнеться посттравматичний стресовий розлад.

Отож наступною ознакою Т-великої травми є *загроза життю й ідентичності*. Т-велика травма загрожує життю прямо — і тієї миті найчастіше ми не контролюємо цього процесу. Також вона може руйнувати ідентичність, бо після зґвалтування, приниження, побиття, коли наше тіло виживає, психіка перестає розуміти, хто ми і чому з нами таке могло трапитися.

Далі: *безвихідь*. У момент Т-великої травми людина не керує ситуацією, втрачає контроль, і на якусь мить (або не мить) прірва небуття стає реальністю.

І остання, п'ята ознака Т-великої травми — *тривалість*. Найчастіше що тривалішою є травма, то складніші наслідки вона має для психіки людини, але про це в наступному параграфі.

Ще раз наголошую на тому, що і Т-велика і т-мала травми є однаково небезпечні для психіки, проте ПТСР діагностується лише за наявності першої.

Класифікація Т-великих травматичних подій

Є різні види травм, залежно від яких проблема розвиватиметься тією чи іншою мірою. Припустімо, наша психіка — це дерево. Воно має коріння — це наші батьки; стовбур — це те, як ми зростали, усі наші базові потреби; а ще гілки — це те, що в нас є на сьогодні.

Отож першою буде *монотравма*. Це велика травматична подія, яка сталася лише один раз. Наприклад, ДТП чи зґвалтування. Якщо використати нашу метафору, то в цього дерева буде зламана одна гілка. У цьому випадку, якщо у нас здоровий стовбур, усе в порядку з корінням, терапія триватиме 10–15 сесій. Ми будемо входити в травматичну подію, зціляти зламану гілку, і дерево ростиме далі. Проте якщо дерево вже було пошкодженим: у ньому є якісь дупла, шрами (проблеми з базовими потребами) чи відрізане коріння (ми не знаємо свого минулого), — то терапія буде збільшуватися, бо ми не можемо дійти до травми, поки не зцілимо самої особистості. Відповідно, коли двоє людей переживають однакову травму, хай як дивно, їхнє лікування майже завжди буде різним.

Наступна — *мультитравма*. Це ситуація, коли за короткий період часу з людиною трапилося кілька різних травматичних подій. Наприклад, якщо говорити про військових, то солдата поранили, узяли в полон, там над ним знущалися або ж на його очах убили товариша. Кожна з цих подій є великою травматичною подією, що відбуваються за короткий період часу.

Щодо цивільного життя, то, мабуть, усі чули такі історії: дівчину викрали, багато разів ґвалтували, били її, морили голодом. Тобто за невеликий час психіка також пережила декілька важких ситуацій. Якщо використати метафору дерева, то за короткий період часу зламалася ціла в'язка гілок.

Лікуючи мультитравму, ми, на жаль, не зможемо, зціливши одну, загоїти інші самі по собі. Вихід єдиний: працювати з кожною травмою окремо. Фактично, це ніби декілька мінітерапій у межах однієї великої. У цьому випадку, як і в попередньому, тривалість знову залежатиме від стану стовбура й коріння, тобто нашої задоволеності базових потреб.

Ще одна — *секвекційна травма*, або *повторюване насильство*. Якщо брати приклад з воєнних подій, то це ситуація, коли людину беруть у полон і систематично протягом тривалого часу знущаються, щоденно руйнують особистість, щоденно однаково приставляють дуло пістолета до лоба і вистрілюють без патрона. У цивільному житті сюди належать усі види домашнього сексуального чи несексуального насильства. Наприклад, коли дівчинку регулярно ґвалтують з дев'яти років, то це — секвекційна травма.

Якщо знову звернутися до метафори, то в цьому випадку ламається вже не гілка дерева, а стовбур. Що це означає? Руйнується ідентичність. Важкість лікування знову залежатиме від базових потреб чи минулого. Важливо розуміти, що зцілити стовбур набагато важче, ніж одну чи декілька гілок. У такій терапії ми будемо працювати над відновленням особистості, а це може тривати роками.

Останнім видом є *травма розвитку*. Це відбувається в дитинстві, коли всі базові потреби були незадоволені в агресивний спосіб. Тобто: людину з раннього дитинства били, принижували, знущалися, приковували до батареї, змушували просити гроші, ґвалтували або змушували дивитися на сексуальні акти інших людей, тримали в голоді й інші жахливі історії. На жаль, ми чули про такі випадки.

Важливим при травмі розвитку є те, що в цьому випадку дерево наче не виростає взагалі, тобто структура особистості не може нормально розвиватися чи існувати. Такий вид проблеми потребує найдовшої терапії. Деколи, на жаль, це постійне лікування на все життя для підтримки людини в нормальному стані. Така особливість дерева психіки: якщо воно не виросло до певного віку, то потім, хоч як плекай його і хоч як гляди, дещо залишається незворотним. Проте бувають і винятки. Наприклад, люди, які жили в травматичних сім'ях, де дерево мало би не вирости, плекають своє «Я» всупереч усьому; хоч пошкоджене, складне, але воно існує та з ним можна працювати.

На противагу, є дуже складні ситуації, коли систематичне сімейне насильство призводить до того, що наслідком надсильного захисту психіки стає *дисоціативний розлад особистості* — феномен множинної особистості. У цьому випадку це наслідок травматичного дитинства, на якому я зупинюся трохи більше. Це добре проілюстровано в книжці Деніела Кіза «Таємнича історія Біллі Мілліґана». У ній якраз ідеться про таке: особистість не змогла вирости цілісною, бо зазнала травми розвитку через насильство у своєму минулому.

Наша психіка у кожен конкретний момент часу зайнята трьома речами: думками, емоціями й поведінкою — вона їх постійно тримає разом. Спогади теж формуються із цих трьох компонентів. Якщо якась із цих речей випадає, ми не можемо намалювати цілісної картини часу. Таке трапляється, коли ми зазнаємо сильної травми. Тоді наша психіка, аби ми не збожеволіли, дисоціює, або, простіше, роз'єднує цей трикутник на фрагменти. Це називається *дисоціація*.

Відмінність між дисоціацією і дисоціативним розладом особистості в тому, що при дисоціації випадає фрагмент події (нижче наведу два приклади), а при дисоціативному розладі особистості психіка розпадається на кілька суб-особистостей, які керують цією психікою почергово (докладно описано у згаданій книжці).

Наприклад, до мене в кабінет приходить хлопець-військовий (2015 рік — розпал війни). Він сідає собі в крісло й починає розповідати навіть без моїх запитань: «Ну, що там, на Сході? Збирав тіла по шматках, вантажив у мішки, потім на ваговіз — це була моя робота». Я запитую: «Окей, і як ти із цим?». Він відповідає: «Та ніяк, нічого не відчуваю». (Невеличке зауваження: я не розпитую хлопців про війну доти, доки вони самі про неї не захочуть розповісти. Це терапевтичне правило.) Проте я знаю, що, виконуючи таку «роботу», людина не може говорити про неї так байдужо, бо є — однакові для всіх — закони психіки. У такому випадку я підозрюю, що пережиті емоції були такими складними, що психіка їх дисоціювала. Вони нікуди не зникли, просто зайшли в наше несвідоме і десь там блукають. А на рівні свідомості, у корі головного мозку, залишилися тільки думки й спогади про наші дії, тобто поведінка.

Ще приклад: приходить дівчина і каже, що сильно боїться чоловіків і не може цього ніяк пояснити. Вона не пригадує нічого зі свого дитинства, але ця емоція така сильна, що, буває, паралізує її. Це також може бути ознакою дисоціації. Звісно, не завжди, тут треба глибше розбиратися в обставинах, але серед інших варіантів також можна припускати, що мозок, аби зберегти цілісність, запам'ятав лише емоції, від'єднавши думки і поведінку, тобто спогади про якийсь травматичний момент з її життя.

У книжці Деніела Кіза «Таємнича історія Біллі Мілліґана» дисоціативний розлад, що стався з головним персонажем, полягав у тому, що в певний момент структура його психіки була настільки травмована, що розділила не тільки окремі ознаки травматичних подій, а й саму особистість на дві. Одна з них пам'ятала все, що відбувалося з Біллі, а інша не мала цих спогадів і могла спокійно продовжувати жити. Тоді відбувся ще один поділ — з'явилася третя особа-захисниця, яка, якби щось сталося, зможе за себе подбати. Зрештою, у Біллі було 24 підособистості, які «змагалися» за своє місце на сцені життя.

Проте деякі дослідження кажуть, що насправді такого розладу дисоціації не існує.

Симптоми ПТСР

Посттравматичний стресовий розлад діагносту-ють відповідні лікарі, посилаючись на сукупність певних ознак.

Першим симптомом, як ми вже згадували, є *наявність великої травматичної події*. Якщо її не було, то діагностувати ПТСР не вийде. Проте розкажу історію: одного разу до мене прийшов хлопець і розповів, що в нього дуже дивні пробле-ми в житті. Усього не перелічуватиму, але серед найбільш виразних: він постійно з'ясовував сто-сунки з іншими чоловіками, завжди чогось боявся, у нього ставалися моменти затьмарення свідомо-сті, тобто він не розумів, де він і що з ним робить-ся. Ми почали шукати підходи до вирішення цієї проблеми, багато говорили про минуле, і згодом хлопець зізнався, що в дитинстві бачив, як хтось у нього на очах займався сексом. Це й було тим збудником, який викликав його страх. Але пам'я-тав він це все ніби через туман, ніяких чітких деталей, тому й не зміг згадати цього випадку одразу. Таке теж буває. Коли при травматичній події наша психіка зазнала сильного шоку, вона може зберігати тільки частину інформації, бо, як вона вважає, спогади можуть нас травмувати ще більше (дисоціація, про яку ми щойно каза-ли). Психотерапія допускає варіант, коли спогади про травматичну подію неповні або туманні, але наявність важкої ситуації все одно є основним критерієм.

Важливе правило, якого дотримуються тера-певти, коли шукають і досліджують травматичну подію: вони не лізуть у важкі спогади одразу, не змушують клієнта поринути в них з головою. Часом людина просто не готова про це говорити. Якщо, як у цього хлопця, минуле ніби в тумані, то не потрібно одразу його розсіювати, щоб добратися до ядра проблеми. Так, це, можливо, швидше дасть змогу зрозуміти суть проблеми, але, буває, розсіявши цю пелену, ми можемо зруйнувати людину, зробити ретравматизацію, тобто змусити клієнта пережити травму ще раз. Обов'язково слід спочатку з'ясувати, чи людина готова витримати те все, що буде відновлювати у своїй пам'яті.

Другим симптомом ПТСР є *повторне переживання травми*. Тобто людина має постійні нав'язливі спогади про цю подію, завжди про неї думає. Незалежно від того, скільки часу минуло, ця ситуація прокручується в голові, сняться жахи. Зокрема, коли говоримо про військових: чому хлопці й дівчата деколи так бояться спати, що буквально роблять усе, аби не стулити очей? Бо уві сні вони переживають ту саму травматичну подію з не меншою силою, ніж це було в реальності. Для нашої психіки це дуже складно, тому ми в будь-який спосіб намагаємося цього уникнути, але, на жаль, воно переслідує нас усюди.

Третій симптом — *флешбеки та інтрузії*. Під час кожної травматичної події наш мозок запам'ятовує деякі деталі, як-от запах пороху чи крові, її колір тощо. Жінка, яку ґвалтував чоловік з бородою, може запам'ятати цю бороду. Тоді мозок акцентує увагу на цій деталі. Наприклад, це пояснює, чому заборонені феєрверки на заходах, де присутні військовослужбовці. Бо будь-який спалах може віддалено нагадувати їм про вибух бомби. Тоді це починає працювати як *тригер*, тобто як подія, що пробуджує травматичні спогади. Коли спрацьовує тригер, наша свідомість миттєво повертається у важку ситуацію в минулому, ми можемо навіть бачити перед собою на якусь мить картинку травми. Вона з'являється перед нами, ніби в реальності. Це називається *інтрузія* — нав'язливий повторний спогад, при якому ми добре усвідомлюємо зв'язок з тут і тепер, тобто розуміємо, де перебуваємо і що з нами відбувається, а картина травми, що з'явилася, за деякий час зникне.

Флешбек, навпаки, повністю занурює у важкі спогади, людина справді вірить, що повернулася туди. У таких випадках втрачається зв'язок із реальністю. Важчою формою флешбеку є дисоціативний флешбек — коли для людини викривляється дійсність, вона на певний час потрапляє в травматичну подію і перебуває там тридцять секунд, хвилину, п'ять хвилин, п'ятнадцять. Людина знову переживає дорожньо-транспортну пригоду, побиття, кульове поранення, знущання в полоні, ґвалтування. Найжахливіше в тому, що інтенсивність страху й інших емоцій при флешбеках та інтрузіях анітрохи не менша, ніж це було в момент, коли подія сталася. Ці процеси властиві лише ПТСР, тому їхня наявність буде незаперечним симптомом хвороби.

Четвертим симптомом посттравматичного стресового розладу є *уникнення* — людина за будь-яких обставин не хоче ні говорити, ні навіть думати про травматичну подію. Вона уникає розмов про це, бо вони повертають її в ту ситуацію.

Повертаючись до вищесказаного, психотерапевт чи просто людина, яка хоче допомогти й розрадити, — не лізе у травму без готовності людини, яка постраждала. Коли клієнт з травматичною подією вперше приходить до мене як до психотерапевта, то на першій сесії я ніколи сам не витягую з неї важких спогадів. Ми можемо говорити про теперішнє самопочуття, про симптоми, які хвилюють, але ніколи — про саму травму без волі клієнта. Усе тому, що я ще не знаю глибини цієї травми. Якщо вона дуже глибока, то, почавши змушувати говорити одразу про ядро проблеми, я можу вчинити ретравматизацію, і людина в моєму кабінеті просто збожеволіє (я повторюю втретє поспіль, акцентуючи, що це вкрай важливо).

Одного разу одна жінка розповідала, що після походу до психотерапевта стояла на балконі з бажанням накласти на себе руки. А все тому, що він постійно розпитував про травматичне дитинство. Після того жінка весь тиждень не могла позбутися нав'язливих думок.

І тут важливо про військових: якщо ви зустрічаєте їх десь на заходах, на вулиці чи маєте когось із родини або друзів, хто служив, — не розпитуйте, як там було. Якщо вони не мають ПТСР, то самі все розкажуть. Більшість із тих, хто приходив у мій кабінет і не мав цього розладу, розповідали спокійно, навіть легко. Проте: якщо вони не хочуть ділитися спогадами, значить, для цього є причини. Наше завдання — поважати їхнє право на це.

П'ятий симптом — людина відчуває *постійне збудження*. Під час травми людина втрачає відчуття безпеки. Мозок розуміє, що треба докласти значних зусиль, аби врятуватися. При посттравматичному стресовому розладі людина ніяк не може викинути з голови жахливі спогади, тож психіка хоче цілодобово захищати її. Тому напруження стає невіддільною ознакою ПТСР. У мене був клієнт, якого до цього розладу призвело збройне пограбування. Після того він може заснути, тільки якщо зброя недалеко від ліжка, а сам він лежить обличчям до вікна — так звана ілюзія контролю. Через це чолокік постійно збуджений, щомиті очікує небезпеки. Каже, що ніхто не може зайти в його кімнату, не постукавши, бо в іншому випадку в людину полетить ніж. І це не тому, що він поганий, а тому, що так працює механізм захисту його психіки.

Сукупною вимогою до всіх цих симптомів є те, що вони повинні *тривати більше одного місяця* (що є шостим симптомом) через пів року після травматичної події. Уявіть, не дай Бог, що з кимось сьогодні станеться травматична подія. Усі вищеперелічені симптоми будуть у кожного, хто матиме такий досвід. Наявність чи відсутність ПТСР можна побачити лише з погляду часу: чи згодом симптоми минуться, послабляться, чи залишаться з тією самою силою, з якою були в момент травми. Далі ми говоритимемо, що з часом мозок опрацьовує стреси, навіть неймовірно значні. Тому до пів року після травми посттравматичний стресовий розлад лікар найчастіше діагностувати не може.

Трьома основними маркерами для симптомів ПТСР є те, що після критичної ситуації минуло більше ніж пів року, вони тривають понад місяць і мають регулярну основу. Усі відчуття, пов'язані з травмою, є більш-менш постійними, що також беззаперечно впливатиме на наше життя.

Сьомий симптом: *виражений дистрес і порушення основних сфер життєдіяльності людини*. Дистрес — це стан, коли людина не може адаптуватися до стресової ситуації, що виявляється в її поведінці через пасивність, агресивність тощо. У людей із цим симптомом переважно будуть проблеми в стосунках, у сексуальній сфері, якщо травма була пов'язана з насильством; проблеми з комунікацією, з довірою, зі втомою. Тому наше оточення неодмінно помітить, що з нами щось не те. ПТСР не буває локалізованим — він переслідує постійно, хай де була б і що робила б людина.

До основних симптомів ПТСР додаються й інші, не визначальні, проте властиві людям із цим розладом.

Доволі знайомим для нас буде *«провина того, хто вижив»*. Якщо на війні людина вижила, а товариш загинув, то зазвичай вона в розпачі запитує себе: «Чому не я?». Якщо в автомобільній катастрофі людина залишилася жива, а рідні померли, їй не даватиме спокою те саме питання.

Також часто в людей з ПТСР є *порушення міжособистісних взаємин*, інколи вимикається здатність керувати відчуттями. При ПТСР людина справді може бути дуже імпульсивною, як-от клієнт, готовий кидати ніж у людину, що зайшла не постукавши. Думаю, не секрет, що стосовно військових погана ідея — раптово лякати їх чи, наприклад, підходити зі спини, бо реакція буде справді непередбачувана. Вони можуть ударити чи навіть скрутити жартівнику шию, хоча навряд чи військові — погані люди. Просто ці подразники інколи спрацьовують як тригери. А ми вже знаємо, як працює цей механізм далі. Також люди, які мають ПТСР, будуть нервовіші в ситуаціях, які нагадуватимуть їм про травматичний досвід. Наприклад, жінки, які зазнали сексуального насильства, будуть різкіші в стосунках зі своїм партнером, їм буде важче відчути задоволення від сексу, вони загалом гірше контролюватимуть свої емоції у стосунках.

Особам з посттравматичним стресовим розладом властива *самодеструктивна поведінка*. Коли військові повертаються з війни, багато з них починають більше курити або ж їздити на шалених швидкостях, у них розвиваються різні види залежностей. Люди піддають ризику своє життя, аби приглушити страшні емоції, які палають усередині. Іноді з'являється суїцидальна поведінка, бо людина вже не так сильно цінує життя, для неї померти — це припинити жахіття, яке з нею відбувається. Оскільки вона не може визнати цього свідомо, не може про це сказати, то з'являється підсвідома деструктивна поведінка, що потроху руйнує.

Алкогольна залежність — перше, що спадає на думку. Спершу алкоголь розслабляє, але із тверезішанням жахи навалюються з новою силою, і людина знову починає пити — таке зачароване коло.

Також при ПТСР присутні *психосоматичні проблеми*, тілесні прояви емоційного перенапруження.

А ще — *сором і соціальна ізоляція*. Постійні думки: «Я ні з ким не хочу бути», «Я хочу бути сам із цією проблемою». Численні історії військових, які приїхали додому і не впускають до себе у квартиру ні батька з матір'ю, ні друзів, ні дівчину чи хлопця — нікого. Сидять собі, дивляться фільми, п'ють чвертку за чверткою — і так минають їхні дні, тижні. Вони просто не знають, як далі бути з людьми, як жити в соціумі.

Наостанок: відбувається *зміна особистісних характеристик*, тобто людина з ПТСР змінюється, стає іншою.

Фактори схильності

Є певні фактори, які засвідчують більшу чи меншу схильність людей до виникнення ПТСР.

Характеристика травми. Наприклад, чоловіки і жінки інколи можуть по-різному реагувати на згвалтування, бо чоловіки мають схильність відчувати сильний сором за втрату своєї мужності. Хоча і для чоловіків і жінок ця травма може призводити до ПТСР і є однаково руйнівною для психіки. У ДТП важливою характеристикою травми є роль людини в травматичній події: чи була за кермом, чи просто пасажиром, загинули люди чи ні.

Якщо говорити загальніше, у характеристиці травми йдеться про те, чи могла людина вплинути на обставини, аби вони відбулися по-іншому, чи мала вона змогу запобігти нещасному випадку.

Характеристика потерпілої особи. Приміром, якщо до травматичної події людина вже мала купу комплексів, проблеми з базовими потребами, низьку самооцінку, то це сприятиме розвитку ПТСР.

Характеристика соціального оточення. До прикладу розповідаю історію з дозволу своєї клієнтки, у якої під час вагітності завмер плід. У такому випадку все одно потрібно «народити», тож лікарка дала їй пігулки, щоб стимулювати пологи, і наказала робити це вдома у власній ванні. Важко навіть уявити, якою травматичною була ця подія: народжувати у ванні без нікого мертву дитину. Крім фізичного болю, що присутній у процесі пологів, додається ще психологічний. Це надзвичайно стресова ситуація, яка може призвести до ПТСР. Що стосується оточення, то люди в таких випадках кажуть жінкам: «Та забудь, народиш собі ще, треба рухатися далі». Це жахливі слова, яких ми не маємо права говорити. Ми не знаємо ані цієї історії, ані емоцій жінки, у якої сталося горе. Тому такими «підбадьореннями» оточення лише сприяє розвитку ПТСР, бо ніби не визнає, що це травматична подія. Люди можуть говорити: «Та з ким такого не буває, ось у сусідки/сестри/тітки з п'ятого під'їзду...». Якщо ж у жінки, що пережила втрату дитини, з'являється ПТСР, то оточення, бува, починає навіть цькувати, бо не розуміє, чому вона почувається погано, що такого страшного сталося. Тому завжди варто пам'ятати, що ми ніколи не беремо на себе відповідальності за слова: «Та забудь і йди далі». Ми не маємо на це права, навіть якщо самі були в подібних ситуаціях. Кожен переживає травматичний досвід по-своєму, тому єдине, що ми можемо зробити, — бути підтримкою.

Як бачимо, соціальне оточення дуже впливає на те, що відбуватиметься з людиною після переживання травматичної події. Тому, вочевидь, мають бути створені добрі соціальні служби, місця, де про це можна буде говорити, має бути церква, яка не засуджує, а тільки приймає. Головне завдання для нас як оточення — приймати. Ми ніколи не розказуємо, як має бути правильно.

І ще одне: варто розуміти, що *фактори, які сприяють, — це не фактори, які визначають*. Тобто навіть якщо я не маю почуття провини, у мене стійка психіка, соціальне оточення приймає і все ніби добре, у мене все одно може бути посттравматичний стресовий розлад. Стосовно оточення, то хибною буде думка, що, забезпечивши людину підтримкою й розумінням, воно запобігає розвитку ПТСР. Ми не можемо знати, буде цей розлад чи ні. Це може зрозуміти лише та людина, яка пережила травматичну подію.

Біологія ПТСР

Кілька слів про будову мозку. Наш мозок складається з правої і лівої півкуль — це ми знаємо. Але різні відділи цих півкуль мають різні назви. Одним з відділів мозку є кора головного мозку. Вона дає нам змогу думати, приймати рішення, осмислювати відчуття, вірити в Бога — загалом робити усвідомлені дії. Вона є найважливішим органом з огляду на те, що це головнокомандувачка нашої психіки, яка віддає основні накази, може бачити тверезо те, що відбувається, загалом структурувати наш розум.

Крім кори, у нас ще є підкірка. Цей орган у ході еволюції передався нам ще з далекого тваринного минулого. Він не мислить, на відміну від кори, а лише відповідає за різні рефлекторні процеси — кожна ділянка підкірки спеціалізується на чомусь своєму. Однією з її частин є так зване мигдалеподібне тіло, яке відповідає за відчуття безпеки. І саме воно відіграє основну роль у ПТСР.

У мигдалеподібному тілі «записані» різні «слайди»: одні за допомогою пережитого нами досвіду, інші генетично передалися від наших предків. Припустімо, ви піднімаєте очі від книжки й бачите перед собою змію, яка повзе до вас. По-перше, ви одразу ж забудете про читання. І не сядете розмірковувати, що ж оце робити, зважувати всі «за» і «проти». У вас миттєво спрацює мигдалеподібне тіло, у якому вже наперед записаний «слайд»: змія — це небезпека. Цей орган вашого мозку спричинить автоматичну реакцію — ви, вочевидь, підскочите й опинитеся на кріслі чи на столі, чи на шафі. І це буде абсолютно рефлекторно, ви не докладатимете до цього усвідомлених зусиль.

У процесі нашого життя наш мозок реєструє інформацію за допомогою зору, дотику й інших органів чуття. Тому, якщо ми бачимо змію, організм автоматично починає себе рятувати. Іноді ми навіть можемо отримати «суперсилу», тобто нам буде до снаги те, що за звичайних умов здається неможливим.

Коли мозок розуміє, що ми у відносній безпеці, ця частина підкірки пропускає інформацію далі, і вмикається кора головного мозку, яка тверезо оцінить ситуацію, відпустить рефлекторні реакції й поверне нас до нормально стану.

Щодо змії, яка щойно повзла у нас під ногами. Уявімо, що ми в безпеці (на шафі). Вмикається кора головного мозку й усвідомлює, що змія — пластикова і підкинута, як сюрприз, кимось з наших дітей. Рефлекси вимикаються, і ми починаємо усвідомлено злазити із шафи, що займає більше часу і зусиль, ніж було на неї заскочити. Бо тепер ми зважуємо небезпеки, думаємо, куди поставити правильно ногу, за що зачепитись і чому ми взагалі колись вирішили завести дітей.

Опісля кора опрацьовує всю інформацію й відправляє її в ще в одну частину нашого мозку — гіпокамп. Це такий собі «архів пам'яті», місце, куди вирушають усі наші спогади. Через рік я куплю пластикову змію й запхаю в ліжечко своїх дітей — згадаю все, що відбувалось, і нарешті заживу (жартую).

Тобто все, що я пам'ятаю: своє перше побачення, весілля, народження сина й доньки чи вчорашній сніданок, — усе зберігається в гіпокампі, я можу це згадати, а потім відіслати назад у гіпокамп — тобто можу керувати цим процесом. Так відбувається з усіма подіями в нашому житті, зокрема й травматичними. Спершу мигдалеподібне тіло збуджує реакції, потім, коли все вляжеться, кора — опрацьовує, а гіпокамп — зберігає. Якщо процес відбувався саме так, то окей, травма опрацьована, і ПТСР немає.

Але що відбуватиметься, якщо ситуація була надто важкою для психіки? Тоді цей процес «застрягає» ще в мигдалеподібному тілі. Воно розбиває подію на слайди і залишає в собі, не пропускаючи нічого до кори. Якщо простіше, ПТСР — це «застрягання» травматичної події в мигдалеподібному тілі, у центрі, що відповідає за нашу безпеку. Ця ділянка головного мозку — не кора, вона не вміє думати, а знати, що небезпека минула, — і поготів. Ця частина мозку не має відчуття часу, тому й нагадуватиме про травму періодично й протягом усього нашого життя. Ба більше, нею неможливо керувати, бо вона рефлекторна, тому всі спогади про травму з'являються спонтанно і, оскільки інформація не опрацьована корою, із тією самою силою, з якою була пережита сама критична ситуація.

Часто поняття мигдалеподібного тіла й гіпокампа пов'язують з імпліцитною та експліцитною пам'яттю.

Імпліцитна пам'ять (мигдалеподібне тіло):

- Некерована.
- Не має відчуття часу.
- Не інтегрована — тобто події можуть дисоціюватися (розділятись окремо на дії, емоції, думки).
- Емоції такі самі за своєю силою, як ті, що були в момент травматичної події.
- Спрацьовує, коли з'являється який-небудь тригер.

Експліцитна пам'ять (гіпокамп).

- Керована — ми самі вирішуємо, що й коли згадувати.
- Емоції опрацьовані.
- Подія інтегрована — є цілісність між думками, емоціями і діями у спогадах.
- Виникає як спогад.

Власне, при ПТСР ми маємо справу з мигдалеподібним тілом та імпліцитною пам'яттю. А лікування ПТСР має привести нас до гіпокампа й експліцитної пам'яті.

Цикли ПТСР

У ПТСР є свої замкнені цикли. Усе починається з травматичних спогадів. Якщо вони є, то це призводитиме до трьох різних ідей, що з ними можна зробити.

У першому випадку людина хоче все якнайшвидше забути, щосили намагається не думати про це, боїться, що спогади знову виринуть.

У другому людина переконує себе, що це неможливо забути. І моментами ціпеніє від страху, що спогади наздоганятимуть її постійно.

Або ж людина вважає, що це забувати нестерпно. Зокрема, таке притаманне людям, які відчувають провину. Вони думають, що не мають права забути про травму й зобов'язані її пам'ятати.

У всіх трьох випадках у людини з'являється страх спогадів. Коли ми чогось боїмося, то намагаємося всіляко уникати цього. Тобто наш мозок свідомо блокує відтворення подій, не дозволяє витягувати їх із пам'яті. Тому вона не інтегрується, тобто не переходить у кору головного мозку й далі в гіпокамп, а залишається в мигдалеподібному тілі, щоразу знову повертаючись спогадами, флешбеками чи інтрузіями. Це основна причина, чому людина не може подолати посттравматичний стресовий розлад самостійно.

Подолання ПТСР

У подоланні ПТСР є дві новини: погана й хороша. Перша полягає в тому, що, на відміну від депресії, яка в невеликій кількості випадків може минути сама, діагностований ПТСР без фахівця не минеться. Щодо другої, то сьогодні у світі посттравматичний стресовий розлад добре лікується, є ефективні протоколи, що допомагають позбутися цієї хвороби. Кожен напрямок психотерапії у процесі усунення цього розладу має свої особливості. Оскільки я — когнітивно-поведінковий терапевт, то розповім, як це роблять у КПТ.

1. *Стабілізація*. Як я вже зазначав, ми в жодному випадку не лізем в травму одразу. Насамперед ми забираємо людину з травматичної ситуації, якщо вона все ще в ній перебуває, дбаємо про добрі стосунки з клієнтом, визначаємо, чи є в нього внутрішні ресурси для роботи з травмою. Цей період називається стабілізацією.

Сюди входить:
- Психоедукація — ми говоримо з клієнтом про те, що таке травма, як працює мозок, яким буде протокол лікування.
- Налагодження взаємин клієнта з оточенням — розбираємо конфлікти, що можуть виникати між клієнтом і рідними, друзями, колегами; думаємо про пошук роботи за потреби.
- Генерування внутрішніх ресурсів, аби повернутися до звичайного плину життя.

• Побудова стосунків «клієнт — терапевт».
Лікування ПТСР потребує значної довіри
до терапевта, бо лише вона одного разу
дозволить поринути в травматичну
подію, аби вирішити наявні проблеми.
Я вірю, що терапевт має стати добрим
другом для свого клієнта, він мусить
уміти будувати товариські стосунки. Це
не означає, що ми маємо ходити разом
на пиво чи святкувати Новий рік. Проте
сама здатність терапевта починати глибокі
дружні взаємини визначатиме його
спроможність лікувати ПТСР.

Варто знову додати: якщо людина на момент терапії перебуває у травмі, наприклад, удома над
нею вчиняють сексуальне насильство, не допоможе жодне лікування, поки ми не заберемо особу
з критичних обставин.

Процес стабілізації триває по-різному. Скажімо,
при монотравмі, коли людина має довіру, сповнена внутрішніх ресурсів, з базовими потребами все
гаразд, однієї сесії буде достатньо. Але при зміні
будь-якої із цих обставин перший етап триватиме довше. Інколи — роками. Тобто роками ми не
зможемо переходити до опрацювання травми, допоки не зможемо побачити, що клієнт стабільний
(це трапляється не так часто, але трапляється).

Якщо це сприятиме видужанню, під час першого етапу ми можемо залучати родичів, церкву,
громадські організації — усіх, хто готовий підтримати. Наприклад, на початку війни для військових створювали психотерапевтичні групи. Проте

там був один важливий недолік: хлопців збирали разом, і кожен з них мав розказувати про свою травму. Вони вірили в ідею: якщо всім розкажемо, то нам стане легше. На жаль, ні. Це часто призводило до ретравматизацій. Такі групи мають право на існування тільки з однією зміною: ми збираємо військових разом, щоб говорити не про травму, а лише про стабілізацію. Тобто розповідати, хто ми, чим займаємося — прив'язувати себе до «тут і тепер». Також можна вчитися керувати емоціями, зрештою, ставати друзями.

2. *Регульована конфронтація з травматичною подією.* Часто саме через це люди бояться звертатися до психотерапевтів: їм це здається неймовірно важко. Але така правда: аби подолати травму, треба, на жаль, ще раз її пережити в усій повноті, у якій людина зазнала її колись. Погоджуся, так, це нелегко, але тепер вона повертається туди не сама. Важливо зазначити, що перший і, згодом, третій етап лікування ПТСР можуть проводити як психотерапевти, так і просто люди доброї волі. Другий етап належить лише вишколеним фахівцям.

Починаємо ми з так званого наративу — історії травми, обставин у всіх деталях, особливу увагу в яких зосереджуємо на критичних моментах. Якщо травма легша, то можемо працювати без нього. Наприклад, наратив: сидить хлопчик із сестричкою, дивиться телевізор. Раптом до кімнати вривається батько з гвинтівкою, наставляє її на маму, потім вистрілює в стелю. Далі в них зав'язується бійка, а малі діти зі страху не знають, де подітися. (Наратив — це деталізована історія, коли описується кожен момент події.) Вочевидь, це травматична подія, адже ніхто не знає, чи хтось залишиться живим. Обов'язково акцентуємо на найскладніших моментах: коли відчував найбільший страх, які думки були тоді, що хотів зробити. Як бачимо, знову три найважливіші аспекти психіки: думки, емоції й поведінка.

Коли наратив готовий, ми з клієнтом повертаємося в цю подію: клієнт заплющує очі й починає розповідати цю історію. Бувають випадки, коли її зачитує терапевт. Із цих спогадів ми намагаємося створити в уяві ситуацію, яка була колись, максимально наближаючи її до правди. А в критичні моменти, коли клієнт відчув найбільший страх, ми робимо стоп-кадр і проговорюємо те, що мигдалеподібне тіло не може зрозуміти саме по собі: «Ти вже знаєш, що будеш живий. Ми з тобою тут, уже дуже далеко від цього всього». Це спонукає мигдалеподібне тіло відпустити свої реакції й передати інформацію в кору головного мозку, яка вже зробить із цими спогадами те, що повинна. Цю процедуру ми з клієнтом можемо повторювати кілька разів. Ба більше, іноді ми записуємо на диктофон, і людина слухає запис удома. Повторення відбувається для того, щоб кора головного мозку витягнула все з мигдалеподібного тіла й відправила в гіпокамп. Так відбувається при класичній травмі. (Зауваження: і наратив, і опрацювання я подаю в дуже спрощеній формі, яка зовсім не означає, що її може проводити будь-хто, окрім фахівця.)

Якщо ми говоримо про травми дитинства, то процес відбуватиметься по-іншому. Розкажу це на прикладі історії моєї клієнтки (з її дозволу). Одного разу в дитинстві батько купив їй маленького песика. Вона дуже любила цуценя, як усі діти люблять своїх домашніх улюбленців. Прийшла зима і, оскільки собачка теж була дівчинкою, у неї з'явився естральний цикл, або тічка. Тато взяв песика, взяв дочку, вивів на вулицю й у дівчинки на очах відрубав собачці голову. Це стало травматичною подією для дитини, бо вона втратила друга в жахливий спосіб. Цей випадок ми класифікуємо як травматичне дитинство — коли в дорослому віці присутні не всі ознаки ПТСР, проте через цю подію виникатимуть проблеми зі стосунками, емоційною регуляцією, самооцінкою тощо. За цих обставин ми також в уяві (попередньо дуже добре до цього приготувавшись) повертаємося в травму й «виправляємо» її. У спогад повертається не лише сама клієнтка, але й терапевт, який стає дорослим захисником для внутрішньої дитини. У цьому прикладі ми робимо стоп-кадр, забираємо в батька сокиру, не даємо вбити песика, проганяємо батька з життя клієнтки, кажемо, що він недостойний, аби виховувати цю дитину, що він більше НІКОЛИ не ображатиме свою дочку, і забираємо дитину із цієї сім'ї. Потім в уяві терапевт може «усиновити» дитину: вилучивши її зі старої сім'ї, він обійме дівчинку й забирає до себе додому, де створює для неї всі умови, щоб дитина могла розвиватися. Часто в терапії бере участь моя дружина Марія, сама про це не знаючи — вона теж в уяві підтримує дівчинку, «усиновлює» разом зі мною. Це тривалий процес уявляння, усвідомлення, перемовин з клієнтом. На кожному кроці я запитую, чи добре клієнтка почувається, чи все гаразд. У такий спосіб ми знаходимо нове — безпечне — місце для внутрішньої дитини, яка зазнала травми. Цей процес відбувається в уяві, але він надзвичайно важливий. Збоку це може здаватися абсурдом, бо ж минулого не змінити. А я завжди кажу, що всі події — у нашій голові. Тому якщо зі справжнім минулим ми працювати не можемо, бо подорожей у часі ще не винайшли, то зі спогадами — цілком.

У продовженні цієї історії моя клієнтка виконала, як на мене, геніальну роботу. Вона отримала завдання щодня бути з цією дитиною в уявному будинку. Приходячи на нові сесії, дівчина розповідала мені, як маля почало рости, ступило перші кроки, заговорило. І це фантастично, що ми як дорослі можемо самостійно вирощувати власну внутрішню дитину. Кінцевим етапом цієї терапії є те, що одного разу в ці травматичні спогади ввійде вже не психотерапевт, а сама доросла людина (доросла частка самого клієнта), яка забере маленьку дитину, усиновить її та створить для неї затишний куточок.

Другий етап терапії, залежно від різних обставин, триває від п'яти до п'ятдесяти сесій.

3. *Опрацювання втрати.* Це та частина терапії, коли ми можемо плакати, осмислювати, що з нами сталося горе, злитися на кривдників, будувати плани на майбутнє, відновлювати стосунки з Богом. Ми знову переживаємо травму, але вже з позиції гіпокампа, де є емоції, якими ми можемо керувати. На цьому етапі знову важливими стають

родичі, друзі, партнери, оточення загалом, хто може бути з вами й підтримати.

Основою будь-якої терапії є стосунки. Тому якщо вам недобре з терапевтом, не бійтеся образити його, сказавши про це щиро. Ви не будете поганою людиною, якщо спробуєте попрацювати з кількома терапевтами, перш ніж знайдете того, з яким вам комфортно. Також не бійтеся говорити з терапевтом про власні емоції, про самопочуття, про те, що відчуваєте, чи він вас не ображає, чи не знецінює.

У КПТ є непорушне правило: наприкінці кожної сесії ми запитуємо: «Як ви сьогодні?». Тож якщо у вас виникає будь-який спротив, будь-які негативні відчуття — надзвичайно важливо сказати про це терапевтові, бо хто, як не він, знає, що із цим робити. Не бійтеся його образити, він просто виконує свою роботу. Лише там, де ви будуєте добрі стосунки з терапевтом, можлива ефективна терапія.

6   Просто бути поруч

Депресія

Оскільки я — когнітивно-поведінковий терапевт, то й про депресію ми поговоримо з позицій саме цього напрямку. Це важливо, адже кожен різновид терапії має свою ідею щодо роботи з певним розладом.

Почнімо з того, що депресія є розладом, достатньо поширеним у світі. Вона характеризується тим, що призводить до неповносправності й великих страждань, може навіть знерухомити людину, заважати виконувати щоденні обов'язки. Важка депресія може прикувати до ліжка, і людина часто не здатна подолати цей стан без медикаментозного втручання. Крім того, депресія завжди викликає багато внутрішнього болю, навіть загрожує життю. Трохи згодом ми також згадаємо про суїцид, бо депресія є тим розладом, який тісно пов'язаний із самогубством.

Статистика свідчить, що на депресію страждають близько 300 мільйонів людей у світі (ВООЗ). Погодьтеся, не так уже й мало. Вона може статися будь з ким і не залежить від того, наскільки людина «сильна духом».

Також про неї часто кажуть, що це розлад, який не ходить один. Чому? Зазвичай у терапії серед визначених проблем рідко трапляється сама лише депресія. Здебільшого вона «приходить у парі» з низькою самооцінкою, панічним розладом, нав'язливими станами, тривожністю чи алкоголізмом або ж із будь-якою з інших залежностей.

Механізм лікування цього розладу нерідко залежить від його особливостей. Наприклад, *ендогенна депресія* — це та, що зумовлена внутрішніми чинниками: неправильною роботою певних нейромедіаторів у мозку. Тобто вона зовсім не залежить від способу життя людини чи того, що відбувається навколо. Це внутрішнє соматичне захворювання, що призводить до симптомів, до яких звернемося пізніше. Схильність до ендогенної депресії може бути закладена генетично, тобто успадковуватися. Тому часто, коли людина приходить до психотерапевта із цією проблемою, він запитує, чи мав цей розлад хтось у сім'ї. Це прямо впливатиме на спосіб лікування.

На противагу першій існує *психогенна депресія*. Вона зумовлена зовнішніми чинниками й реакцією нашої психіки на них. Наприклад, усе було гаразд, але раптом мене звільнили з роботи, не можу знайти нову, діти не мають, що їсти, а я не знаю, як дати собі з цим раду. У такому випадку навіть без схильностей до ендогенної в мене з'являються симптоми депресії тільки через ці конкретні життєві обставини. Психогенний вид розладу поширений серед людей з низькою самооцінкою, бо однією з ознак депресії є постійні погані думки про себе. Вона пов'язана з усім, що відбувається навколо нас. Сім'я, робота, щоденний стрес, неприємні події — це все зумовлює її. Також депресія може бути супутньою під час переживання втрати. Коли помирає хтось із наших рідних, певний час нам дуже важко. Крім того, вона залежить від того, є в нас хороше оточення чи нема. Якщо ми без друзів, то, відповідно, маємо більшу схильність до цього розладу. Зрештою, проблеми з базовими психологічними потребами однозначно сприятимуть розвитку цього розладу. Вони є наріжним каменем психіки людини, тому будь-які негаразди з ними даватимуть про себе знати.

Свого часу я мав депресію. Ба більше, через неї я прийшов у психотерапію. У мене вона була досить тривалою і психогенною, тобто зумовленою соціальним середовищем, а саме: я не міг знайти себе в тому оточенні, у якому тоді проживав. Можу впевнено сказати: коли йдеться про депресію, те, що є навколо нас, є важливим чинником.

Часто буває, що ендогенна та психогенна депресії комбінуються. Наприклад, у нас може бути генетична схильність, яка себе не виявляла, допоки якісь зовнішні психологічні чинники не долили оливи до вогню — тоді депресія виростає повною мірою. Тому насправді провести чітку межу між цими двома видами важко.

Депресії за ступенем важкості

Депресія може бути:

- легкою (дистимія);
- середньою;
- важкою.

Для легкого вияву цього розладу є окрема назва — *дистимія*. Чесно кажучи, ми можемо навіть не знати, що в нас цей розлад. Це така собі відсутність гарного настрою, іноді навіть протягом років. Ніби все окей, але я завжди втомлений від життя. Це стан слабкого невдоволення, розчарування й постійної втоми. Інколи ми не визнаємо легкої депресії як хвороби, часто просто вважаємо її рисою характеру. Так стається, бо вона позірно не заважає людині добре функціонувати, працювати, виконувати свої обов'язки, не обмежує її фізичних і психічних процесів. Проте насправді робить людину нещасною.

Середній рівень депресії — той, який ми точно помітимо. У цьому стані людина зазвичай звертається до психотерапевта, бо розуміє, що їй погано, нічого не хочеться, немає бажання виконувати свої щоденні обов'язки. У неї ще є друзі, якесь середовище, але вже не надто хочеться до них іти, вона ще ходить на роботу, проте там уже нічого не приносить радості. Це типові ознаки середньої депресії.

Останньою, як ви вже, мабуть, здогадалися, є *важка депресія*. На жаль, це вже серйозне захворювання. Людина з важкою депресією не може зранку підвестися з ліжка. Розлад такий сильний, що зникає мотивація робити хоча б щось. І тут не йдеться про бажання чи небажання, і це аж ніяк не про лінь. Це та неповносправність, про яку я згадував раніше. Саме важка депресія призводить до погіршення функціонування людини загалом.

Якщо в людини важка депресія, то перший, до кого вона звертається, — хай як дивно, не психотерапевт. Він, на жаль, не може самостійно витягнути людину з крайньої стадії розладу, бо людина абсолютно не має ресурсів, з якими можна працювати. Для психотерапії потрібно хоч щось, від чого можна відштовхуватися. Тому при важкій депресії ми звертаємося до лікаря-психіатра, який починає лікування антидепресантами. Оскільки психотерапевти зазвичай не лікарі, то й ліки призначати вони не можуть.

Антидепресанти

Як же працюють антидепресанти? Вони допомагають відновити роботу тих нейромедіаторів, які працюють погано. Після цього людина, отримавши мінімальний внутрішній ресурс, починає також відвідувати психотерапію. У чому ж різниця між психотерапією та прийомом антидепресантів?

Почнемо з того, що цих ліків не варто боятися. Будь-яке вживання препаратів має супроводжуватися лікарем-психіатром. Антидепресанти мають таку особливість, що не починають діяти зразу, їм властивий накопичувальний ефект. Тобто необхідне поступове збільшення дози, аби з часом кількість потрібних речовин в організмі була достатньою для подальшої роботи з проблемою. Ба більше, антидепресанти можуть мати побічні ефекти, які треба коригувати іншими медикаментами. Тому надзвичайно важливий супровід лікаря.

Також буває, ми віримо, що антидепресанти призводять до залежності. Це міф. Проте розкажу вам історію: у мене була клієнтка, яка два роки пила «Гідазепам» — це заспокійливе від тривоги. Як вона розповідала, одного разу вона прийшла до лікаря, він прописав цей препарат. Жінка купила, спробувала, стало легше. Вирішила більше до лікаря не ходити. Відповідно, вона не могла знати, що «Гідазепам», згідно з протоколом лікування, п'ється не більше двох тижнів. Вона це робила два роки. Мораль у тому, що все може призвести до залежності. Якщо ж ми в руках у доброго фахівця, він допомагає почати приймати антидепресанти, бути з ними і, коли треба, зійти з них. У такому випадку вони точно допоможуть. Американські фільми виховали в нас страх, що ми, як там часто показують, будемо на ліках від депресії ледь не ціле життя. У кіно для додаткового драматизму це часто перебільшують. Ми, якщо маємо нежить і лікуємося краплями для носа, не боїмося, що це призведе до залежності. Бо знаємо, що треба лікуватися. Так само буде і з антидепресантами.

Депресія і психотерапія

Психотерапія дозволяє зрозуміти психогенні чинники, які призвели до депресії. Дуже часто цьому розладу передують зруйновані стосунки, низька самооцінка чи будь-що з переліку численних причин. Антидепресанти не можуть допомогти розібратися із життєвими обставинами. Тому при важкій депресії добре почати з антидепресантів, а надалі продовжити в кабінеті психотерапевта.

Щодо способів лікування важкої рекурентної ендогенної депресії, то люди, які мають цей розлад, повинні лягати в психіатричну лікарню на деякий час. Ба більше, дехто мусить робити це періодично.

Стосовно депресії середньої важкості протокол лікування показує, що антидепресанти дорівнюють психотерапії. У цьому випадку ви вже можете обирати: користуватися першим чи другим — до чого маєте більше довіри. На такому рівні депресії обидва способи можуть однаково допомогти.

За легкої депресії ми однозначно обходимося без антидепресантів. Якщо хочете, можна задіяти психотерапію, аби вирішити для себе якісь питання, але медикаменти, без сумніву, будуть зайвими.

Мене часто запитують: чи може депресія минути сама по собі? Поділюся гарною новиною: це єдиний психічний розлад, який може зникнути сам. Проте варто також розуміти, що таке відбувається не в усіх. Наприклад, я вже розповідав, що в мене була депресія. На жаль, тоді про жодних психотерапевтів чи психіатрів і мови не було. Я «поставив» собі діагноз «депресія», коли закінчив курс психології в університеті. У мене вона минулася через певні соціальні фактори, які з часом змінилися в моєму житті. Можу сказати, що мені в цьому неабияк пощастило. Але очікувати, що депресія мине сама — це ніби гратися з долею. Надто мала ймовірність такого випадку, аби сподіватися лише на нього.

Друга гарна новина: зазвичай депресія добре лікується, для неї розроблено багато дієвих протоколів лікування, і люди справляються з цим розладом і продовжують своє звичайне щасливе (сподіваюся) життя.

Проте є й гірша ситуація — у певного відсотка людей цей розлад переходить у хронічний стан, який, на жаль, не виліковується і триватиме все життя. Такою є ендогенна рекурентна депресія, про яку ми згадували вище. На жаль, ані найкращі у світі психотерапевти, ані добрі ліки не зможуть зробити так, щоб людина повністю одужала. Це зовсім не означає, що не треба звертатися по допомогу. Ми повинні розуміти, що у випадку хронічної невиліковної депресії психотерапія й антидепресанти можуть допомогти її знизити до 40–50% вираженості, а це, без сумніву, значно покращить якість життя людини.

Отже, депресія може бути спричинена генетикою, а може — соціальними чинниками, а також може бути комбінацією обох видів. Інколи вона минає сама, зазвичай добре лікується, інколи стає рекурентною (повторюваною) і хронічною.

Симптоми депресії

Поговорімо про ознаки, за якими можна розпізнати депресію. Оскільки вона є розладом, то, відповідно, має конкретні симптоми. Зараз серед багатьох людей побутує думка, що звичайний поганий настрій—це вже депресія. Проте варто усвідомлювати: якщо сьогодні ви прийшли додому виснажені, вам нічого не хочеться і немає бажання з кимось говорити, то діагнозу «депресія» вам не поставлять. Ми беремо за основу симптоми тривалістю не менше двох тижнів, причому з них виражених має бути не менше п'яти.

Скажу більше: якщо ви прийдете до мене з думками, що у вас депресія, то я лише зможу це фахово підтвердити або спростувати. В Україні, згідно із чинним законодавством, психолог-психотерапевт не має права ставити діагнозів, це може робити лише лікар, у нашому випадку—психіатр. Це важливо знати всім, хто має справу з документами й офіційними паперами.

Якщо абстрагуватися від колізій нашої держави, то діагностувати депресію, повторю, можна тільки тоді, коли у вас не менше п'яти симптомів, що тривають понад два тижні. Чому так? Бо якщо взяти кожну з ознак окремо, то вона може стосуватися й інших розладів. Наприклад, проблеми зі сном будуть при тривогах, особистісних кризах і ще в багатьох випадках. Тому розлади сну окремо не свідчать про наявність депресії. Упевнитися, що вона у вас є, можна, якщо буде ще чотири ознаки.

Першим симптомом є *поганий настрій протягом більшої частини дня*. Якщо у вас буває поганий настрій, проте зазвичай цілісінький день на роботі ви жартуєте з колегами, то це не рахується. У такому випадку слід просто подумати, яка життєва криза призводить до того, що інколи ви не в гуморі. А от люди, які мають депресію, завжди насуплені. Звісно, якісь чудові обставини таки можуть змусити їх щиро всміхнутися, але зазвичай це сумні очі й журливий вираз обличчя.

Другий симптом — *ангедонія*. Це непросте слово означає, що людина ні від чого не отримує задоволення. Думаю, ви чули частіше протилежне до нього «гедонізм», тобто потурання собі в усьому. При ангедонії я не радію навіть від тих речей, які все життя мене тішили. Тобто якщо вчора я любив читати, ходити на концерти, зустрічатися з друзями, займатися сексом, то сьогодні не маю ані радості від цих процесів, ані бажання чимось із цього займатися.

Третім симптомом є *втрата чи набирання ваги*. Я худну, тому що при депресії у мене нема мотивації їсти, бо відсутнє бажання жити. Або ж, навпаки, мені настільки боляче, що заповнюю пустку всередині їжею. І тому, якщо ви спостерігаєте відхилення від вашої звичайної ваги, це може бути ознакою депресії. Але, повторюся, тільки сукупно з іншими симптомами. Бо, наприклад, після тридцяти метаболізм уже не той, тому животик може рости сам по собі.

Четвертий симптом — *розлади сну*. Це те, про що терапевт питає в першу чергу, адже з порушенням сну пов'язана більшість психологічних проблем. У нормі я не маю ніяких тривог, жодних поганих думок, лягаю в ліжко, одразу засинаю, а зранку прокидаюся щасливий і готовий рятувати світ. Жартую, звісно, бо насправді я знаю, як важко зранку вилазити зі свого затишного нагрітого ліжечка. Тому «не хочеться прокидатися» — це ще не ознака депресії. Хоча факт сам по собі цікавий: якщо зранку ми маємо вирушити в подорож, то встаємо легше й охочіше, ніж коли треба о тій самій порі вставати на роботу. Деякі психологи пов'язують це з нашим неусвідомленим небажанням щось змінювати в житті. Інакше кажучи, якщо зазвичай людина не хоче прокидатися вранці — це може означати, що вона не бажає такого життя.

При депресії людина має кілька проблем зі сном. По-перше, не може заснути, бо постійно думає щось погане про себе. По-друге, може раптово прокидатися серед ночі, знову ж таки, від поганих думок, від того, що їй недобре. По-третє, може спати дуже багато, але постійно почуватися невиспаною. Усі ці ознаки можуть указувати на депресію.

Наступним симптомом є *сповільненість або ж надто висока активність*. Усі ми активні по-різному: від екзальтованості, заповнювання собою всього простору навколо до тихості, ледь помітної присутності. Є такі, і є такі. Це абсолютно нормально. Тому сама по собі флегматичність чи надмірна активність не є ознакою депресії. Ознакою це стає тоді, коли звичайний для конкретної людини рівень активності починає змінюватись у той чи інший бік.

Ще однією ознакою є *втома та втрата енергії*. При депресії ми дуже часто, я би навіть сказав, що майже завжди втомлені. У нас ні на що немає сил.

Наступна ознака теж схожа: *посилення відчуття нікчемності*. І це друге найважливіше після проблем зі сном, на що зверне увагу психотерапевт, — відчуття «Я невдаха, усе погано, у житті ніколи вже не буде нічого доброго». Однак воно може бути ознакою низької самооцінки, за якої люди вважають себе нікчемами, навіть якщо рятують світ щодня. Тому, знову ж таки, важливо «назбирати» п'ять симптомів і лише тоді припускати наявність депресії.

Зниження концентрації уваги також може бути визначальним симптомом. Часто люди, які мають депресію, кажуть, що не можуть читати, бо не розуміють, про що йдеться в книжці, інколи не годні з'єднати між собою слова, усвідомити зміст написаного. Це часто лякає їх. Одного разу до мене прийшла клієнтка з великими переляканими очима, бо помітила в себе проблеми з концентрацією уваги, начиталася про це в інтернеті й принесла мені перелік діагностованих самій собі когнітивних порушень, яких там і близько не було. Вона не могла зосередитися через втому.

Остання ознака — це *рекурентні* (які постійно повторюються) *меланхолійні й навіть суїцидальні думки*. Саме при депресії таких думок годі спекатися. Лише побіжне: «Боже, сьогодні знову жахливий день» — затримується в голові й через п'ять хвилин стає єдиним, про що ми думаємо, а до кінця дня перетворюється на лейтмотив усього, що ми робимо. Суїцидальні думки обговоримо нижче, бо вони потребують більшої уваги.

Дев'ять симптомів. Якщо ви «назбирали» п'ять із них і вони тривають понад два тижні, то… То не варто ставити діагноз самим собі. Чому? Бо ви не лікарі-психіатри. Тільки вони можуть впевнено говорити, а ви — лише здогадуватися, що у вас депресія. Звертайтеся по допомогу до фахівця.

Міфи про депресію

Я люблю казати: якщо ви живете у великому місті, той факт, що у вас депресія, ще якось можна припустити; якщо мешкаєте в маленькому містечку — то вас переважно назвуть неробою, ліньтюхом, порадять отямитися й узятися до діла; а якщо раптом ви проживаєте в селі, то навряд чи вас узагалі розуміють. Депресія? Ти про що? Звісно, це не означає, що в містечках чи селищах немає людей, які знають про депресію. Просто їх там доволі мало. Якщо звернути увагу на статистику, то в Україні 70 % людей не мають змоги отримати якісну психіатричну чи психотерапевтичну допомогу — а це понад дві третини українців і українок. Великі міста зазвичай є осередками різних рухів, у них населення неоднорідніше, тому розуміння й допомогу знайти легше. Я сам з маленького міста. Моя депресія тривала чотири роки, але нікому навіть на думку не спало порадити мені звернутися до психотерапевта. Хтозна, як повернуло б моє життя, якби у свої 18 я почав працювати із цим розладом.

Перший міф: у всіх іноді буває поганий настрій — не варто перейматися. Так, це правда, кепський настрій час від часу буває в усіх. Але поганий настрій не стосується цієї хвороби. Депресія — це захворювання, яке має свій діагностичний критерій і яке потрібно лікувати. Тому коли людина усвідомлено підозрює в себе наявність депресивного розладу, не варто її відштовхувати словами: «Та що ти, усе добре, усі ми інколи сумуємо». Смуток і депресія — речі не тотожні.

Другий міф: почніть активно рухатися, займатися спортом — і все мине. Це речі, які не завжди залежать одна від одної. Наприклад, у важкій ендогенній депресії це майже завжди біг у нікуди, бо людина з депресією не може навіть піднятися з ліжка. Спорт може допомагати, але не є доказовим способом боротьби з депресією.

Третій міф: треба працювати і менше жалітися, у світі стільки проблем, тож не видумуй. «Що ти стогнеш про якусь там депресію! Ти хоч знаєш, як там дітям в Африці?..» Або: «Якщо у вас депресія, сходіть в онкологічне відділення, подивіться, які там нещасні люди — усе одразу мине». Тут сперечатися і сперечатися: важко стверджувати, що від побаченої картини дітей з онкологією життя людини з депресією засяє райдужними кольорами. Радше навпаки. У суспільстві чомусь побутує дуже дивне уявлення, нібито чужа біда має робити нас щасливими, а якщо в нас є дві руки, дві ноги й голова на плечах (чули таке, авжеж?), то нема чого й заїкатися про власну біду. Ба більше, люди з інвалідністю, прикуті до візків, можуть абсолютно прекрасно почуватися й прожити все життя без депресії, а ті, які ходять на своїх двох, навпаки, — неймовірно потерпати від цього розладу. Ці речі не пов'язані між собою. Проте не варто плутати: у людей, які сідають у візок у дорослому віці через втрату повносправності, депресивний етап буде обов'язково. Але це необов'язково стане їхньою характеристикою на все життя.

Четвертий міф: піди у відпустку, а краще — піди у відпустку й займися йогою, а ще краще — відпустка, йога і взагалі трохи розслабитись. Поза всяким сумнівом, і відпустка, і йога, і розслабитися — це дуже добре. Справді чудово, якщо є можливість відволіктися, поїхати кудись, спробувати щось свіже. Проте це не основа лікування депресії, тобто бути впевненим, що від цих дій вона мине, — неможливо. Щодо духовних практик хочу зауважити, що ми часто ходимо до церкви, думаючи, що це позбавить нас розладу. Я обома руками за те, щоб люди розвивалися духовно. Але ж ми не йдемо до священника, аби позбутися карієсу, не запалюємо свічки, щоб вилікувати язву. Нам таке навіть на думку не спадає. Ідентична логіка й щодо депресії: варто розуміти, що це хвороба, і знати, що є відповідні фахівці, які це лікують.

П'ятий міф: депресія — це взагалі не хвороба. Може, ти просто егоїст? Ні, ви не егоїст. Ні, це так не працює. Так, це хвороба, що потребує лікування.

Депресивні цикли

Ще однією особливістю депресії є замкнені цикли, у які потрапляє людина, яка страждає від цього психічного розладу. Наприклад, вона не в гуморі, погано почувається, починає задумуватися, що все насправді жахливо і краще вже не буде й бути не може. Це ще більше погіршує настрій і само-почуття. Такий цикл постійного ходіння по колу називається *депресивна румінація*. Завдання психотерапії — розірвати цикл, випустивши людину назовні.

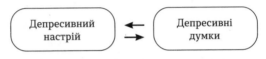

Цикл 1. Негативна румінація.

Важливість циклів при лікуванні депресії полягає в тому, що вони завжди замикаються самі на собі. Завдання психотерапевта — піддати сумніву хоч один елемент, таким чином розірвавши зацикле-ність.

У першому циклі ми не можемо нічого вдія-ти з депресивним настроєм — він просто є. Нам залишається працювати з думками. Забираючи депресивні роздуми, ми розриваємо цю послідовн-ість.

Другий цикл дещо подібний: людина в при-гніченому стані, з'являються погані думки, які знову навіюють, що все буде погано, що людина нікому не потрібна... І тоді вона перестає діяти: відмовляється від зустрічей з друзями, не виходить на роботу, залишається сама вдома. Від цього стає ще гірше, це ще більше погіршує настрій, посилює відчуття нікчемності і знову призводить до уникання... Називається він *цикл депресивних дій*.

Цикл 2. Цикл депресивних дій.

Перервати цей цикл можна за рахунок відновлення діяльності, інколи навіть якщо людина не в змозі отримати від цього задоволення.

Наступний цикл: *накопичення проблем*. При депресії людина не може реалістично оцінити ситуацію, у якій перебуває, тому схильна радше до песимістичних висновків. Це призводить до пасивності, яка, бува, наштовхує на думки, що нічого робити і не треба. У такому випадку ми відкладаємо всі цілі в довгий ящик, не поспішаємо вирішувати свої проблеми, поки вони ще незначні. А вони накопичуються, і одного разу їх стане забагато. Через таке уявлення немає жодної мотивації щось змінювати у своєму житті.

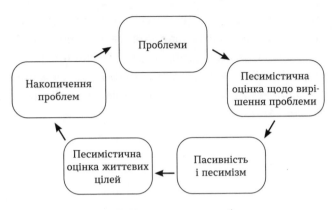

Цикл 3. Накопичення проблем.

Наступний: *цикл соціальних проблем*. При депресії в нас часто виникають соціальні труднощі. Ми, знову ж таки, думаємо, які ми нікчемні, ніхто з оточення нас не любить. Це зумовлює процес ізоляції від людей: ми можемо бути грубими, нетактовними, нетолерантними, постійно виставляти претензію: «Ви мене не розумієте». Рідні, друзі, колеги від нас утомлюються, і ми з часом зникаємо з їхнього соціального кола. Тоді знову з'являються думки: «Ага, так я і знав, що вони насправді мене не люблять».

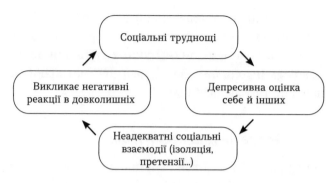

Цикл 4. Порушення соціальної взаємодії.

Або ж інший сценарій: *цикл проблемних способів емоційної регуляції*. Депресивний настрій призводить до того, що ми напиваємося, можливо, застосовуємо насильство, починаємо кричати, що спричиняє вторинні проблеми: почуття провини, сором, ожиріння, клопоти з поліцією. А це ще більше додає нам нікчемного настрою та відчуття того, що ми — паскуди. Від злості на себе хочемо знову випити чи когось ударити.

Цикл 5. Проблемні способи регуляції настрою.

Якщо цикли набирають обертів, це може бути небезпечно. Тому з ними варто боротися: викинули один елемент, таким чином знищили послідовність. Інколи це означає просто почати робити щось не так, як зазвичай.

Депресія для нефахівців

Тепер розкажу вам три речі про депресію, які має знати кожен, незалежно від того, хто він: священник, психологиня, сільський учитель чи львівська бізнесвумен. Ці три речі можуть допомогти, коли ви зустрічаєте людину, у якої підозрюєте депресію.

Перше — нормалізація. Людині потрібно сказати, що депресія — це хвороба. Це не лінь, не вибрики, не форма божевілля, не покарання від Бога — це хвороба. Також потрібно донести до неї, що вона така не одна. Що у світі є близько 300 мільйонів людей, які страждають на цей розлад. Назвати й дозволити людині усвідомити проблему — це часто вже половина рішення. Важливо: ми не ставимо діагнозів. Людина має зрозуміти три важливі речі: у неї депресія, яка є хворобою, вона не самотня в цій проблемі й це сталося не з її вини.

Друге — на сьогодні існує вирішення цієї проблеми. Це хороші психотерапевти, психіатри, ліки, люди, які подолали цей розлад і готові ділитися досвідом. Часто для особи, що переживає депресію, є важливим розуміння, що з цією проблемою можна виходити у світ, не закриватися в собі. Якщо описати коротко, то ми інсталюємо надію.

А це у випадку психогенної депресії може стати поштовхом, потрібним, аби людина одужала.

І *третє — це дати людині стосунки*. При депресії надзвичайно важливі гарні взаємини, проте варто пам'ятати, що ви завжди повинні бути в кращому гуморі, ніж ваш друг, який має депресивний розлад. Ми вже згадували, що чиясь погана доля ніяк не покращить настрою людини, у якої депресія. Навпаки, ви маєте випромінювати впевненість, переконувати людину: «У цьому є вихід! Усе буде добре! Я з тобою, ми зможемо це зробити! Пошукаймо хорошого психотерапевта разом». Ви, якщо хочете допомогти депресивному другу чи подрузі, маєте бути тим, хто демонструватиме, як можна дивитися на цей процес по-іншому.

Ліричний відступ у тему стосунків: чесно кажучи, психотерапія загалом на цьому побудована. Переважно у довготривалій терапії (в короткотривалій рідше) я пояснюю клієнтам важливість взаємин, бо тільки тоді, коли ми навчимося будувати їх між собою (терапевтом і клієнтом), людина після терапії зможе втілювати ці навички за межами мого кабінету. У випадку недовіри терапевта і клієнта спільна робота неможлива. Якщо є якісь сумніви, закоханість, сором — це утруднює терапію. Тільки розібравшись із цими емоціями, клієнт може успішно продовжити лікування. Ба більше, саме процес прояснення цих речей називається психотерапією. Бо в присутності терапевта людина вчиться висловлювати емоції, говорити про себе, бачити правду й розуміти себе.

Тож три вищезгадані речі — це те, що треба взяти у свою кишеню й носити із собою, щоб, зустрівши одного разу людину з депресією, спробувати застосувати. Звісно, це не психотерапія, але, без сумніву, це підбадьорить і підтримає.

Протокол лікування депресії

Протокол — це послідовність кроків, яку застосовують психотерапевти, коли працюють з певним розладом.

Перше, що робитиме фахівець, коли зіткнеться з депресією, — це звернеться до внутрішніх ресурсів. Ресурси — це ті речі, що наповнюють нас енергією, силою, вірою. Кіно, книги, прогулянки, рідні, спілкування, душ, секс, улюблена робота... Ми допомагаємо активізувати ресурси, навіть якщо людина не надто вірить у їхню силу через депресію, щоб допомогти їй мати внутрішні ресурси для боротьби з іншими симптомами.

Терапію ми зазвичай починаємо з ангедонії. Тобто я запитую: що ви любили робити до того, як почалася депресія, чим цікавилися? У мене був клієнт, у якого був важкий депресивний стан під час реадаптації після війни. У межах лікування я запитав: «Що ти любив робити до воєнних дій?». «Колись я займався столярством, і мені це дуже подобалося. Але закинув, бо скоро знову можуть призвати, та й бажання нема жодного». Тоді я запропонував: «Окей, давай домовимося: сьогодні ти їдеш додому і просто заходиш у майстерню, незалежно, хочеш ти цього чи ні. Більше нічого робити не потрібно. Просто зайти на кілька хвилин до своєї майстерні». Мій клієнт відповів, що, звісно, це він виконати може. Через тиждень він не прийшов, а прилетів, весь такий задоволений, щасливий. Каже: «Коли я зайшов туди і вдихнув запах дерева — одразу спрацював мозок. Звісно, я пробув там не 5 хвилин, тепер я проводжу там увесь свій вільний час. І сили повернулися». Це головна причина, чому ми починаємо з ангедонії: наш мозок пам'ятає центри задоволення, які були в нього до депресії. Але під час розладу вони ніби приспані різними симптомами. Тому хочемо ми чи ні, при депресії нам варто всіляко пробувати розбудити ці центри, постаратися отримати задоволення від того, що нам його колись давало. Любили читати — розгортаєте хорошу книгу — і до справи. Обожнювали яєшню? Зранку встаєте і робите її собі, поетапно: розбиваєте яйце на сковорідку, злегка помішуєте, приправляєте чимось за бажання. Чому це важливо? Навіть якщо нам це не подобається, є висока ймовірність, що центри задоволення активізуються і почнуть генерувати ресурс. Звісно, це не завжди спрацьовує, але як знати?

Після ангедонії ми працюємо з негативними думками. Під час терапії з клієнтами складаємо цілі таблиці, пов'язані з ними. Ми реєструємо на папері кожну негативну думку. Я вже згадував, як працює наш мозок і чому потрібно все записувати: тоді ми усвідомлюємо й маємо змогу аналізувати те, що відбувається в нашій голові.

Розкажу, як ми працюємо з думками, на прикладі однієї своєї клієнтки, у якої виникла геніальна ідея, що вона «невдала героїня радянського комедійного фільму». Тож ми так це дослівно й записали. Далі основний задум полягає в тому, щоби перестати вірити всьому, що ми там собі вважаємо. Бо часто найбільшою проблемою є те, що ми свято віримо всьому, що з'являється в голові. Аби якось піддати сумніву наші негативні думки, ми робимо наступну вправу: вчимося тестувати їх, тобто пишемо докази «за» і «проти». Моя клієнтка на користь ідеї про те, що вона невдала героїня радянського комедійного фільму, записала, що постійно багато сміється, усе переводить на жарт, недостатньо стримана, робить безглузді помилки і ще щось на зразок цього. Справді, видається, ніби все сходиться. Але заради справедливості ми думаємо ще над доказами «проти». Як і моїй клієнтці, вам може здаватися, що нема жодного доказу, або з тих, що є, усі непереконливі. Проте найчастіше, якщо дуже захотіти, дещо таки можна знайти. Наприклад, що вона не завжди лише сміється, має науковий ступінь у математичній галузі, колеги вважають її надзвичайно розумною і, крім помилок, у неї є чимало перемог... Зрештою людина часто сама починає усвідомлювати, що її думка про себе нічого й близько з правдою не має. Проте це може бути тривалим процесом: треба буде списати не один аркуш доказів «за» і «проти», аби викоренити ту чи іншу ідею з голови. А таких ідей у нас буває чимало.

Далі психотерапевт разом з клієнтом починають пошук та усвідомлення причин, які призвели до депресії. У цьому випадку ми знову звертаємося до базових потреб. Поринаємо в дитинство й шукаємо там, що могло зумовити ті проблеми, які людина має зараз.

Проте в різних випадках ми можемо також працювати з тими проблемами, які маємо в цей момент. Бо, наприклад, людині з депресією, яка не має чим прогодувати дітей, робота з думками не дуже допоможе. Тому ми думаємо, як можна боротися з розладом у таких умовах, як адаптуватися до середовища, щоб забезпечити сім'ю.

Продовжуючи тему боротьби з думками, поділюся з вами двома метафорами, які можуть послабити симптоми на початку терапії.

Перша — це радіостанція «Голос Депресії». Уявіть, що у вашій голові хтось увімкнув радіо, яке невтомно прокручує вам усі ці думки. Звісно, якщо радіо називається «Голос Депресії», то воно й не може крутити ніяких інших думок. Ми ж не боремося з радіостанціями, музика на яких не відповідає нашим смакам. Ваше завдання в цьому випадку: просто заплющити очі й уявити, як ви перемикаєтеся на іншу частоту, на хвилю позитивних думок. Так, це не завжди буде спрацьовувати і, мабуть, не виведе вас із депресії. Але ця вправа може послабити симптоми, а що не потребує значних зусиль, те варто спробувати.

Друга — моя улюблена, про трамвай (ви вже про це читали в цій книжці, але я повторюся, надто вже люблю цей приклад). Уявіть, що ви стоїте на зупинці й чекаєте на трамвай номер «шість», а до вас під'їжджає «дев'ятка». Що ви робитимете? Не будете ж ви кидатися на цей трамвай з вигуками: «Не їдь сюди, я тебе не чекаю, ти мені не потрібен, за що ти знову пхаєшся в моє життя!». Сподіваюся, ні. Те, що зазвичай кожен з нас буде робити, це чекати — «дев'ятка» хай собі їде далі, мені «шістку» треба. А тепер припустімо, що думка «Я нікчема» — це трамвай з номером «9». Нам його не треба. Ми розуміємо, що ця думка є, ми її ідентифікуємо, але не обираємо, не зациклюємося на ній. Кажемо їй: «Їдь собі далі». Тоді приїжджає наступний трамвай, тепер «двійка»: «Ти що, не зрозумів, що ти нездара?». А я спокійно відмовляюся і від цього транспорту, усе ще чекаю на свою «шістку». Чесно кажучи, цей спосіб буде корисним для клієнтів, які мають трохи ресурсу. Але пробувати варто. І не лише тим, що мають депресію. Якщо вам докучають різні думки, пам'ятайте: ми не можемо стримати цього потоку. Це наче зграя ворон, які літають над головою. Але від нас залежить, чи ми дозволимо птахам сісти нам на голову, чи ні, чи ми сядемо в не потрібний нам трамвай, чи відмовимося. Це те, з чим ми можемо працювати.

Способи самодопомоги

Кілька слів про те, що можна робити самостійно при депресії, щоб почуватися краще.
- *Відпочинок.* Очевидно, потрібно проводити якісний час із собою, бо депресія часто зіставляється зі втомою, і, скажу вам, не просто так.
- *Відволікання.* Як у метафорі з радіо, просто перемикатися на щось інше.
- *Майндфулнес* — це такий напрям у психотерапії, який говорить про життя «тут і тепер». Наприклад, зараз ви читаєте книжку й повністю поглинуті процесом, не

думаєте, що буде потім або про ті чи інші
клопоти. Можете роззирнутися навколо,
звернути увагу на речі навколо вас, яких
ви ніколи не помічали. Навіть у вас вдома,
у стінах, які ви впізнаєте із заплющеними
очима, можна знайти щось новеньке.
У житті навколо нас постійно щось
відбувається. Іноді просто варто звертати
більше уваги на те, що нас оточує.

- *Спілкування.* Не залишайтеся з депресією
наодинці. Якщо ви можете піти з кимось
на каву, то йдіть і спілкуйтеся з іншими
людьми, навіть якщо вам цього не
хочеться. Я вже згадував, що в когнітивно-
поведінковій терапії ми працюємо
з вольовими зусиллями — спробуйте
зробити щось по-іншому й подивіться, що
з того вийде.

- *Спроба переоцінити життєву ситуацію —*
подивитися на своє життя крізь призму
нового сенсу, навіть коли здається, що
його неможливо знайти. Шукати новий
напрям руху чи прийняти той шлях,
на якому ви зараз стоїте, — побачити
своє життя крізь призму цінностей,
ідей, напрямку розвитку. Наприклад,
це стосуватиметься батьків, що мають
дітей з інвалідністю: вони на певному
етапі свого життя потраплятимуть у стан
депресії. У такому випадку спробою
переоцінки буде усвідомлення: «Я все
одно можу реалізувати себе як мама
чи тато, можу мати щасливу сім'ю, моя

дитина нічим не гірша від своїх однолітків. Я можу прийняти її, незважаючи ні на що».

Коли хочеться все закінчити

Наостанок поговорімо про самогубство. Коли до мене як психотерапевта приходить клієнт з депресією, основне питання, що стоїть переді мною: розпитувати його про суїцидні думки чи не варто? Коли запитую це в людей на семінарах, частина вважає, що не варто. Мовляв: навіщо давати ідею? Може, в людини не було суїцидних думок, а ви підкажете їй рішення. Моя ж відповідь дуже однозначна. Так записано у протоколі психотерапевта як обов'язкову умову: якщо перед вами клієнт, у якого ви підозрюєте депресію, ви мусите розпитати його про суїцидні думки. Численні дослідження засвідчили: коли ми розпитуємо клієнтів про суїцидні думки, а вони їх не мають, — думки жодним чином не з'являються. А от якщо не розпитаємо, то можемо пропустити шанс допомогти цій людині. І якщо вона справді скоїть суїцид, це залишиться з нами назавжди.

Декілька фактів про самогубства:

· Це друга причина смертності серед підлітків, одинадцята загалом серед людей на нашій планеті.

· 800 000 людей протягом року на Землі помирають від суїциду — це одна смерть кожних 40 секунд.

· Смертей від суїциду більше, ніж від воєн і вбивств разом узятих.

- Суїцидальні спроби у 25 разів частіші, ніж завершене самогубство.
- У США 20 % загиблих від суїциду є військовими зараз чи були в минулому.
- 70 % людей, які здійснили самогубство, були в депресії, 25 % з них зловживали алкоголем загалом, а в 40 % виявили алкоголь у крові в момент заподіяння смерті.

Є формула можливості заподіяти собі смерть:

$$\text{бажання вмерти} + \text{можливість себе вбити} = \text{самогубство}$$

Чому ця формула важлива? Бо змогу вбити себе на сьогодні більш-менш маємо ми всі, але бажання це зробити є не в усіх. Якщо в нас є бажання вмерти і ми не можемо йому протистояти, треба забирати можливість заподіяти собі шкоду. У такому випадку ця формула набуває сенсу.

Як ми запитуємо в людини, чи має вона суїцидальні думки?

Очевидно, якщо запитати прямо, то сміливість дати ствердну відповідь матимуть одиниці. Якщо розпитувати безпосередньо, то людина, найімовірніше, відмовлятиметься відповідати чи буде обманювати. Для максимально ефективного розпитування у психотерапії розробили певну послідовність кроків.

Перший етап полягає в запитанні: «Чи буває у вас інколи бажання все це закінчити?». Якщо відповідь «ні», далі можна нічого не запитувати. Якщо людина погоджується, тоді питаємо: «Коли лягаєте спати, чи є думки, що краще би зранку не прокидатися?». Коли в мене самого була депресія, я ці етапи проходив. Як сьогодні пам'ятаю: коли лягав спати, я хотів лише одного — аби не наставав ранок. Я казав Богові: «Я був би дуже вдячний, якби вночі на мене щось упало — й усе закінчилося». Або ж інша історія: я працював у Трускавці, а жив у Дрогобичі. Щоранку я приїжджав на роботу, а щовечора їхав назад додому. Пригадую, одного разу їхав у маршрутці, надворі була ніч, а я собі думав: «Як же було б добре, якби якась вантажівка врізалася у нас і я не вижив у цій ДТП». Хоч людина не робить за таких думок жодної активної дії, лише сподівається на обставини, вони все одно є суїцидальними. Уже наступним запитанням буде: «Чи виникають у вас ідеї припинити все самостійно?». Тепер ми вже апелюємо до дії, до особистого наміру це зробити. Якщо відповідь далі ствердна, то я кажу: «Чи є у вас план, як ви це зробите?». Коли людина також відповідає «так», тоді я можу запитати про ймовірність скоєння самогубства, наприклад, сьогодні чи цього тижня.

У мене була клієнтка, яка мала суїцидальні думки. На першій зустрічі вона розповідала, що часто боїться ризику скоїти самогубство, особливо коли залишається вдома на самоті. Пригадую, запитав тоді ймовірність того, чи побачу її наступного разу. Вона відповідала: «Думаю, що прийду». Ми з нею підписали негласний контракт, що я приймаю її в терапію як свою клієнтку, але тільки за умови, що вона не скоїть суїциду. Вона, як і більшість, обіцяла, що прийде. Це має неабияке значення, адже клієнт, готовий на вчинення самогубства, не потребує другої зустрічі з психотерапевтом. Я не живу фантазіями, що обіцянка мені стримає людину від суїциду. Але принаймні це може бути додатковою перешкодою. Інколи саме вона все вирішує. Суїцид — це дуже складний намір, це важкий внутрішній конфлікт, тому інколи, якщо є хоч якась зачіпка, щоби не вчиняти самогубства, це може змусити людину змінити думку. Буває, що для клієнта ви — єдина людина, яка говоритиме, що чекає на нього наступного тижня. У цьому випадку факт, що ви для когось важливі, може стати цією зачіпкою. Але, звісно, це не стовідсоткова гарантія, ніхто не дає запевнень.

Зрештою, суїциди бувають дуже різними. Є сплановані, коли люди виділяють три місяці чи пів року, щоби належно підготуватися. Вони вивчають усі способи, як зробити це правильно, закривають свої справи й одного разу «спокійно» відходять. На противагу, бувають спонтанні спроби. Одного разу, коли я ще працював у Києві, до мене їхав клієнт, він стояв в метро і чекав на поїзд. Коли транспорт уже майже прибув до платформи, чоловіка осяяла ідея — ось же вирішення! Він побачив потяг і зрозумів, що зараз усе можна закінчити. І стрибнув на колію. На щастя, він не помер: поїзд устиг зупинитися. У цього клієнта ніколи не було суїцидальних думок. Але в цей конкретний момент йому здалося, що це і є вихід. Або ж інша історія: одна мама, яка має дитину з інвалідністю, розповідала, як їхала з нею через перевал у Карпатах і в якийсь момент у голові майнула думка: «Варто зараз лише трішки повернути кермо — і все закінчиться». На щастя, вона цього не зробила. Суть цих історій така, що наміри до самогубства можуть виникати спонтанно, і, на жаль, ми не можемо нікого застрахувати від цих думок.

Серед інших різновидів є також маніпуляція суїцидальними намірами. «Якщо ти не зробиш того й того, я повішуся...». Інколи це триває роками, а маніпулятор доводить близьких людей до відчаю. Люди постійно запитують, що робити в таких випадках. Однозначної відповіді, на жаль, немає. Бо при ігноруванні, на зло вам людина може таки здійснити сказане. Однак пам'ятати, що це маніпуляція, варто все одно. І тоді питання потрібно вирішувати не в момент погрози, а коли ситуація закінчилася. Слід подумати, що робити з маніпуляціями, як правильно вийти з-під впливу маніпулятора, хто насправді несе відповідальність за його дії маніпулятора (підкажу: відповідь лише одна — сам маніпулятор).

Узагалі це доволі делікатне питання. Бо маніпулятори бувають різні, як і маніпуляції. Інколи ми маніпулюємо, бо нам самотньо чи страшно і ми потребуємо когось, хто зверне на нас увагу, а інколи маніпуляції стають звичною частиною нашого життя. Тут немає простої відповіді. Проте слід завжди пам'ятати, що будь-яка маніпулятивна спроба самогубства може закінчитися, власне, самогубством. Я думаю, слід обережно з'ясовувати, що відбувається, яка потреба людини незадоволена і чому це повторюється знову й знову.

Часто буває так, що маніпулятори після спроби самогубства не хочуть розмовляти, і ми, аби не турбувати їх, замовкаємо. Це часто буває помилкою, бо проблеми не вирішуються, а лише накопичуються. Якщо ж нам страшно з'ясовувати чи ми не знаємо як, нам потрібно усвідомити, що все нез'ясоване залишається в нашому тілі і ми носимо це в собі, створюючи постійну невидиму напругу, яка призводить до тривоги і втоми. Тому інколи потрібно звернутися до психолога, аби зрозуміти для себе, що відбувається з вами, чому ви опинились у такій ситуації і як не продовжувати мовчати.

Хай там як, а психологія стає невіддільною частиною нашого життя, і з'ясовувати те, чого ми не розуміємо, має стати новою культурою нашого мислення.

Якщо це сталося...

Якщо ж суїцид відбувся, у рідних чи друзів загиблого, безперечно, з'являється почуття провини. Крім того, ми всіляко пробуємо переконати себе, що могли це попередити. На жаль, хай як ми старатимемося, ми не зможемо завадити всім самогубствам, які стаються. Перше, що психотерапевти намагаються викоренити в людей, які болісно переживають суїцид близької особи, — це почуття провини й оте «Якби я знав». Ми не можемо знати, постійно вдивлятися в очі, аби раптом побачити там нотки суму чи депресії. Люди, які завтра хочуть учинити суїцид, сьогодні будуть усміхатися вам і казатимуть, що все гаразд. Ми просто не можемо нести відповідальність за інших.

Важливим є й те, що в Україні сім'я, де хтось учинив самогубство, опиняється ніби за колом суспільства. Цураються не лише того, хто помер, а всієї родини, ніби вона в чомусь винна. Зараз зокрема християнська концепція змінила свій підхід до цієї теми, але ще зовсім недавно люди вважали, що за такий учинок відповідатимуть ще сім наступних поколінь у цьому роду. Тож інколи сім'ї починали уникати навіть найближчі приятелі й рідні люди. Тому так важливо працювати із сім'ями, щоб дати їм ресурси і показати, що вони не могли цього передбачити, що вони не несуть за це відповідальності і, найважливіше, що вони не самі.

Інколи потрібно просто прийти до людей, яких ви так добре знаєте і які зараз переживають горе, і запропонувати підтримку — це може бути нашою доброю місією. Ми можемо бути єдиними, хто взагалі це зробить. Важливо, не давати розумних порад, а просто бути поруч — це те, що може бути дуже важливим для такої сім'ї.

Наостанок: найкращою профілактикою суїцидів є їхня превенція, або запобігання. Потрібно створювати такі умови життя, щоби людям хотілося жити, щоб у них були постійні стимули до розвитку, місце, куди вони можуть прийти, особи, з якими вони можуть поговорити. Я маю на увазі не лише психотерапевтів, а й священників, соціальних працівників, та й просто людей доброї волі. Пам'ятайте, що для декого, можливо, саме стосунки з вами будуть єдиною ниткою, яка тримає в цьому житті. Тому варто іноді просто бути поруч.

P.S.

Дякую тобі, Марто, що дозволила іншим прочитати твого листа тут. Дякую, що прориваєш пелену мовчання.

«Марта, 30 років.

Я написала цей пост тому, що хотіла поговорити з людиною, яку дуже любила й чиє рішення піти з життя залишило безліч запитань і ціле море болю. Я зробила це публічно, бо відчувала, що хочу, аби мої думки були почутими й люди перестали мовчати про таку болючу тему, як самогубство.

Стефко, сьогодні тобі виповнилося б 26. І ти не хотів би святкувати:) Ти ніколи не любив свій день народження. Пам'ятаєш, у цей день ми зазвичай ходили в кіно, ти надягав червоний різдвяний светр, у якому тобі завжди було жарко, відповідав на дзвінки з привітаннями, їв "Нутеллу" й отримував від мене чергові в'язані шкарпетки, ми йшли на пиво або, якщо була дощова погода, як ти казав, — "гнили вдома". Тепер цей день — найсамотніший у моєму році. Але моє горе — це, мабуть, останній акт любові, який я можу тобі дати. Відтоді як тебе не стало, я намагаюся згадувати лише хороше, але чомусь пам'ятаю тебе лише таким, яким побачила 8 жовтня. Я не розумію, чому так, було стільки всього, а згадується лише той жахливий день. Я злюся на тебе й відчуваю безмежну провину. Злюся, бо ти вирішив піти, і відчуваю провину за те, що не зупинила. Ти зробив

так, як у той момент тобі здавалося краще для
тебе. Але краще для одного ніколи не краще для
всіх. Я надіюся, що тобі там краще, що тобі більше
не болить. Я вірю в те, що якщо існує aldilà, то ти
в хорошому місці. А якщо не існує, то принаймні
твої страждання припинилися. Просто, з невідомої
мені причини, той біль, який ти відчував, не зник,
він живе в мені. Ти хотів, щоб він був у мені? Він
справді нестерпний, з таким болем нікому не хо-
четься жити. Я не знаю, як розуміти твої останні
слова: це був докір, звинувачення, покарання чи
просто знецінення свого життя? Твоє життя по-
винно було бути ціннішим за будь-які почуття.
Чи любив ти мене в той момент, коли вирішив
завершити своє життя? Ти знав мене та-а-ак доб-
ре... але чи ти розумів, як боляче мені буде? Ти
знав, що вони мене звинуватять? Хтось словами,
а хтось мовчанням, але я все зрозуміла. Чи не усві-
домлював? Чи просто в той момент поставив себе
на перше місце? Я це заслужила? Ти цього хотів?
Я завжди знала, що ти дуже сильно мене любив.
Егоїстично, тихо і стримано, віддано, по-дитячо-
му і вперто. Любов до мене — це, мабуть, останнє
почуття, яке в тобі жило — усі інші вже приту-
пила депресія. Але ж ти не визнавав, що в тебе
депресія, бо депресія — це слабкість. Хлопчиків
чомусь виховують так, що вони завжди повинні
бути сильними. Але ж усі, винятково всі мають
право на слабкість, мають право попросити про
допомогу! Ти говорив про самогубство, але обіцяв
мені, що ніколи цього не зробиш. Пам'ятаєш, ми
подивилися "Народження зірки", і ти запитав мене,
чи я про таке не задумуюсь? Це був один зі знаків,

на які я не звернула тоді уваги. А потім сказав, що якщо захочеш це зробити, тебе не зупиню навіть я. Ти хотів, щоб я тебе втримала від цього, чи зробив усе так, щоб я не змогла? Знаєш, як це — залишатись у світі, де тебе вже нема? Тут дуже тихо, усі багато мовчать, усім страшно і соромно про це говорити. Я навіть не уявляла собі, як сильно всіх лякають слова "депресія" і "самогубство". Про тебе вигадали багато неправдивих історій. Ніхто не спитав мене. Якби спитали, я розповіла б. Розповіла б про розмови, спроби, про те, як ти роками ставив себе в небезпеку, і тому в мене завжди був страх тебе втратити. Страх, який мав підґрунтя, але ніхто мені не вірив. Наша історія набагато складніша, неоднозначніша і цікавіша, ніж те, що вони вигадали. Люди так люблять прості пояснення. Але вони не знають, як довго насправді я тебе рятувала. Ти ніколи не плакав, навіть на похороні своєї мами, і я вважала це ознакою мужності. Але біль тебе зламав, бо ти не вмів його виражати. Ти не любив, коли плакала я, хоча казав, що я дуже красива, коли плачу. Не любив проявів слабкості. Ти мав проблеми із залежностями й агресією, але ти ніколи не хотів нікому заподіяти зла. Ззовні ти здавався дуже життєрадісним, але всередині тебе вже давно йшла війна. Ти був щасливим зі мною, але не був щасливим із самим собою і тим, ким ти став. Коли вони всі кажуть, що в тебе вселився злий дух чи що тебе підмовив диявол, мені хочеться їх ударити. Люди деколи такі засліплені релігією. Вони не знають, як це — жити з таким болем і агресією багато років. І коли ти не маєш на кого виплеснути цю агресію, останнє, що ти робиш, — це виливаєш її на себе. Ось що означали для мене твої останні слова — ти злився на себе за те, що сталося з НАМИ. "МИ" були для тебе важливі, бо "МИ" були твоїм щастям. Я довго думала над тим, чи могла тебе врятувати. Мені кажуть забути слово "якби", бо кожен з нас може сказати "якби" і застигнути від болю того, що міг чи могла зробити або сказати, але... Якби ми не познайомились, могло би бути по-іншому. А могло б і не бути. Ти знаєш, мені боляче стояти біля твоєї могили і їздити в Миколаїв. Життя приносить нам квіти і будує домовини. Мені одночасно хочеться і пам'ятати тебе завжди, і забути назавжди. Ти показав мені, наскільки крихким є людське життя, і ми насправді — лише момент в існуванні Всесвіту. Тепер я знаю, що життя розбиває нам серце і всі ми сильні лише доти, доки не знайдемо свою слабкість. Як тобі було не страшно це зробити? Чому не спрацював твій запобіжник? Я завжди думала, що ті, хто не боїться смерті, або брешуть, або психи. Ким був ти? Ми нічого не контролюємо в цьому житті, лише свою смерть. Майже ніхто не знає, як я боролася за твоє життя, бо ти вважав, що є мільйони речей, про які не можна розповідати, але тебе тут немає, щоб про це сказати. Твої слова, Стефко, вони так глибоко засіли в мені... але ж не можна нікого любити більше, ніж життя! Ти знаєш, стільки всього втратило будь-який сенс, значення. Я перестала вірити в доброго Бога, і мене остаточно розчарувала церква. Біль позначив тебе, а потім — мене. Ти не витримав, як витримати мені? Я ж завжди думала, що ТИ сильніший з нас двох. Я знаю, що мої питання залишаться без відповіді.

А може, ти прийдеш до мене уві сні і все поясниш. То чому ж я це все пишу? Я думаю, однією з речей, які тебе вбили, було мовчання, і за мовчання я відчуваю найбільшу провину. Мовчання не врятувало ще жодну людину від депресії чи самогубства. Мовчання лише робить зручним існування людей, які звикли жити у самоствореному театрі. А твій похорон був своєрідним театром, усі мали свої ролі, а мені все здавалося таки-и-и-им неважливим. Нас, друзів і рідних, тих, хто тебе тримав тут, мало бути більше, але навіть тоді я не впевнена, що ми не втратили би пильності в один момент. Ти б бачив, скільки їх, твоїх друзів, було на похороні! Вони були, Стефко, ти просто не відкривався їм! Бог не завжди рятує всіх, у нього своя логіка, а погані речі трапляються і з хорошими, і з поганими людьми. Але ти був одним з найкращих людей, яких я знала. Я ніколи до тебе не любила нікого так сильно. Надіюся, ти пробачиш мені мої помилки. Надіюсь, я пробачу сама себе. Надіюся, ми ще зустрінемося в іншому житті. Твій час на Землі закінчився, але частина тебе не перестане жити в моєму серці. Ти був і є важливим, хоча ти так і не вважав. Тебе та-а-ак багато хто любив, хоч ти цього і не помічав. Ти був тим, хто назавжди зробив мене такою, яка я є сьогодні. Сильною. З тобою я навчилася любити, але так і не навчилася розкладати намет і розпалювати вогонь. Ти фотографував мене уві сні й називав мене Квітуня, ми слухали однакову музику й обожнювали гори. Ти так і не пішов у похід на Чорногору і не побував на концерті Foo Fighters, не розкрив секретні інгредієнти свого глінтвейну і рагу. Ти так і не перехитрив Forex і не почав ходити на англійську. У тебе не народився син і ти не знайшов роботу своєї мрії. Але у нас удвох було прекрасне життя: ми відвідали 13 країн і мали купу пригод у подорожах, потусили на безлічі запальних фестивалів, каталися на американських гірках і дуріли вечорами, пройшли разом мотузковий парк і побували в найбільш екстремальному поході, займалися скелелазінням і купалися в найкрасивішому морі Адріатики, разом навчилися кататися на ковзанах і лижах, облаштували найзатишнішу квартиру і щороку на Валентина обмінювалися найроматичнішими подарунками. Ми БУЛИ, і я дуже щаслива, що ми були. Цілую, Марта ❤️❤️.

P.S. I will always remember US this way».

7 Про психотерапію

Ну що ж, звісно, знати факти про тривогу й депресію — справді корисно. Але всі ми розуміємо, що інколи самих знань замало, потрібен хтось, хто допоможе їх реалізувати саме під ваш конкретний випадок. Я кажу про психотерапевта.

Колись я мав нагоду готувати лекцію про те, як обирати психотерапевта і що потрібно знати про психотерапію загалом. Тут є кілька важливих речей, які потрібно знати перед тим, як почати свою особисту мандрівку непростим, але надзвичайно цікавим світом тривог.

Отож не бійтеся, просто одного разу прийміть рішення, що це вам потрібно. І воно спрацює. Сподіваюся:)

«Мозкоправ мені не допоможе»

Це, так би мовити, перший ґудзик. Якщо вам здається, що це вам не допоможе — це вам не допоможе. Не тому, що терапевт хоче вам щось навіяти чи «впарити» і ви маєте бути готові до «впарювання». Ні, ви завжди можете критично осмислювати всі його слова й розпитувати, що й чому він робить, куди ви прямуєте, яка ваша роль у цьому процесі. Бо лише ви — експерт свого життя. Терапевт освітлює дорогу, якою йдете ви. Але щоб наважитись рушити цією дорогою, потрібна довіра. Якщо її зовсім немає і вам зовсім не хочеться ні з ким ділитися своєю історією, то терапевт прощається з роллю «мозкоправа» і відступає вбік.

Основними в терапії є, все-таки, стосунки. Тому ми так боїмось інколи наважитися на перший крок — бо потрібно бути з кимось відвертим, а це інколи дуже непросто.

Я не руйнуватиму тут міфів про психотерапію, наголошу лише на тому, що психотерапевт працює зі стражданням — тобто там, де зазвичай дуже болить. І інколи ми не йдемо цією дорогою просто тому, що не хочемо говорити про власний біль чи відчувати його, ділитися цим болем з кимось іншим. Але, можливо, одного разу ми наважимося.

Вибір психотерапевта

Не всі мої клієнти знають, у якому методі я працюю, і не всі бачили дипломи про мою кваліфікацію, бо вони не висять на стінах мого кабінету,

як це зазвичай прийнято. Я маю диплом учите-
ля трудового навчання. Чи маю я інші дипломи?
Так, але їх ніхто не бачив. Вони акуратно складені
в папці. Тому найчастіше до мене приходять за
рекомендацією інших клієнтів.

Перед першим візитом до терапевта правиль-
ним є дізнатися, у якому напрямку він працює
і що це таке. Адже зрозуміло, що різні напрям-
ки по-різному працюють: у психоаналізі ми за-
ймаємося довго, з вільними асоціаціями; у КПТ
(когнітивно-поведінковій терапії) працюємо дуже
структуровано; у гештальт-терапії думаємо про
емоції, відчуття, різні рефлексії; у логотерапії роз-
мірковуємо про сенс життя.

Насправді кожен терапевт вестиме вас до мети,
яку ви обговорите на початку, але різними доро-
гами. Отож перше правило — трохи дізнатися про
метод, у якому ви хотіли би спробувати працюва-
ти (20 % моїх клієнтів знали, до терапевта якого
напрямку вони йдуть).

Після того як ви зрозуміли, у якому напрямку
працює психотерапевт і чи підходить він вам, ви
спокійно можете питати у фахівця про його освіту,
досвід роботи, розлади, з якими він працює або не
працює — це нормально. Ми часто соромимося ста-
вити ці запитання, але не варто — перед вами си-
дить людина, яка вміє ставити незручні запитання
і точно повинна вміти на них відповідати.

Психотерапія — надзвичайно важливий процес
у житті людини, адже вона відкриває вам себе
ізсередини, тому важливо розуміти, до кого ви
йдете на прийом. Але зазвичай ми просто диви-
мося на людину і думаємо: «Ось цей мені подобає-

ться». Я пишу про це впевнено, з досвіду, бо часто
на моїх лекціях ті, хто сумнівався, чи варто йти
в терапію, бачили мене й розуміли: виявляється
психотерапевт — справжній, у нього є руки, ноги,
міміка, та й загалом не такий уже він і страшний.
У людей є страх іти до того, кого вони не знають.
Що більше ми можемо дізнатися про психотера-
певта, то легше до нього прийти.

Моя ідея така (з нею можуть не погоджуватися
психотерапевти інших напрямків): *зазвичай не
має значення, у який напрям терапії ви йдете,
а має значення особистість, до якої ви йдете.* Бо
зрештою ми будуємо стосунки з людиною, з якою
нам або приємно, або неприємно це робити. І це
працює.

Є ще один спосіб вибору психотерапевта, який
мало хто використовує: піти спочатку до кількох
і оцінити свої відчуття. Не думайте, що цим ви
образите свого психотерапевта — відверто кажу-
чи, ви платите за це гроші. Терапія — не безкош-
товний процес. Звісно, терапевти рятують світ,
допомагають людям, але вони також і заробляють
на цьому.

Конфіденційність

Терапевт має зберігати конфіденційність. Але.
Якщо ви вчиняєте злочин, то закон — вищий за
таємницю терапії. Якщо клієнтка прийде і скаже,
що сьогодні має отруїти свого чоловіка, то я буду
змушений із цим щось робити.

Друге правило порушення конфіденційності:
ваша поведінка може загрожувати вашому жит-

тю чи здоров'ю. Якщо клієнт повідомляє, що має сильні суїцидальні наміри й збирається скоїти самогубство, терапевт може і має спробувати йому зашкодити будь-якими способами.

Ця тема непроста, і часом терапевт підписує з клієнтом угоду, що останній обіцяє не скоювати самогубства в період перебування в терапії. Інколи це допомагає самому клієнтові триматися на плаву в час, коли стає нестерпно боляче.

У решті випадків, якщо ви не чините злочинів і не збираєтеся скоювати самогубства, усе, що ви кажете, має бути залишене в кабінеті терапевта.

Чи всі цього дотримуються?.. Не можу гарантувати, але сам психотерапевт у цьому дуже зацікавлений, адже якщо він порушуватиме цю основну умову, завтра він позбудеться клієнтів. Бо для кожного клієнта важливо мати безпечне місце, у якому, як він переконаний, є хтось, хто намагається його зрозуміти, де він справді може говорити про все, що відбувається за лаштунками його особистості.

Тривалість однієї сесії і тривалість терапії

Іноді до мене приходять клієнти й кажуть, що сеанси в інших психотерапевтів тривають по три-чотири години. У моєму випадку є 50 хвилин. Після 50 хвилин ми часто починаємо говорити про те саме. Мозок має властивість орієнтуватися на виставлену йому часову межу. Якщо йому поставити півтори години, він те саме розтягне на півтори години. Це не завжди ефективніше. Тому стандартна терапія відбувається раз на тиждень протягом 50 хвилин. Якщо стан клієнта покращується, ми зустрічаємося один раз на два тижні — і так зменшуємо кількість сеансів.

Справді, є інші види терапії, де сеанси тривають довше, і ці терапевти мають свої пояснення, чому так відбувається. Інколи терапія може бути довшою, коли стосується сімейних пар чи коли спрямована на опрацювання травматичного досвіду. Це також нормально. Думаю, найкраще це з'ясовувати з вашим терапевтом і просити його пояснювати, чому обраний саме такий часовий проміжок.

Стосовно тривалості терапії, то я люблю фразу однієї моєї колеги: «Щоб відбулася терапія, потрібно, щоб відбулося диво». Терапія — це диво. Бо вона стосується глибоких структурних змін усередині нас і, щоб вона відбулася, справді потрібні і час, і велика мотивація працювати над собою.

Тому інколи самі терапевти говорять про консультування й терапію. Консультування — це надання певних знань з приводу якоїсь проблеми. Терапія — це спроба переосмислити своє життя, свої проблеми, збудувати нові зв'язки із собою і світом навколо.

Консультування може тривати від однієї до десяти сесій. Для терапії першим терміном дії є рік. Якщо минає рік — і нічого не відбувається, варто поміркувати, що пішло не так. Але важливо також усвідомлювати, що процес може тривати довше — просто за рік ви вже можете бачити й розуміти, що відбувається.

Проте й терапія не завжди відбувається роками. Інколи це кілька місяців.

І головне, я люблю повторювати, що терапія починається сьогодні і не закінчується ніколи, просто вона не завжди має відбуватись у кабінеті терапевта. З терапевтом ви проходите певну частину шляху, а далі йдете до власних змін, просто на певному етапі ви готові робити це самостійно.

Оплата

Психотерапія — це зазвичай дорого. Саме тому психотерапія в певний момент життя має стати для клієнта чимось дуже значущим. Якщо ми лікуємося через «нема чого робити», то не має значення, чи ви з колегою йдете пити каву, чи годину говорите зі мною про гарненькі квіточки. Аби терапія почала працювати, вона має стати дуже значущою для клієнта. Вона має вийти на перше місце в житті людини, бо відбуваються системні зміни всередині особистості.

Звісно, і без оплати терапія може давати результат. Гроші — не основний чинник, який робить терапію значущою, але вагомий.

Зрештою, гроші не мають стати на заваді терапії. Коли є потреба, але вартість дуже висока, можна знайти терапевтів, які згодні працювати за зниженим тарифом. Головне — не зловживати цим і не лукавити, що ви не можете оплатити встановлену вартість. Адже таке лукавство зламає все лікування — ви будете нещирі з людиною, з якою у вас мають бути найтісніші стосунки.

Про гроші ми маємо вміти говорити так само, як про злість, сексуальність чи насильство, бо ця тема також перебуває серед незручних, а даремно.

Робочий час для дзвінків

Часом ми буваємо дуже стривожені, тож коли нарешті наважимося зателефонувати до психотерапевта, то забуваємо подивитися на годинник і зауважити, що там дев'ята вечора, а у психотерапевта, наприклад, двоє малих дітей, які теж потребують уваги. Тому потрібно розуміти, що є робочий час з дев'ятої ранку по шосту вечора. Зрозуміло: якщо є справді важлива причина, то можна писати й в інший час, терапевт від цього не оскаженіє, але бажано дотримуватися робочих часових меж.

Терапевти також мають вихідні, тому в суботу й неділю можна перечекати і зробити дзвінок у понеділок. Звісно, інколи імпульс такий сильний, що годі втриматися, проте якщо це справді важливо — понеділка це дочекається.

Також не варто намагатися вирішити з терапевтом всі проблеми по телефону — телефон потрібен для того, щоб домовитися про зустріч.

Ще не слід чекати, що терапевт сидітиме томними ночами й відписуватиме на ваші повідомлення, коли є настрій поговорити. Часто (не завжди і не всі, але) терапевт дає своєму клієнту можливість дзвонити чи писати в будь-який час — це пов'язано з надмірними переживаннями клієнта. Але в жодному разі приводом писати чи дзвонити не може бути просте бажання погомоніти.

Звісно, всяке трапляється, і терапевти часто відповідають і відписують людям не в робочий час, але якщо цього не сталося — не тримайте зла. Терапевти інколи просто сплять, інколи не самі.

Коли ми хочемо від терапевта те, чого він не може зробити

Перший, найкласичніший випадок: дзвонить жінка.

— Алло, доброго дня.

— Доброго дня.

— Запишіть, будь ласка, мого чоловіка на прийом. Коли ви можете його прийняти?

— А ваш чоловік знає, що він має до мене прийти?

— Та ні, але запишіть, я щось придумаю.

Я кажу:

— Ні, я не буду його записувати.

— Але що мені з ним робити? Він такий проблемний, у нього стільки проблем.

І я кажу, УВАГА:

— Прийдіть на терапію сама.

— Перепрошую, але мені не потрібна терапія. Терапія треба моєму чоловікові.

Я відповідаю:

— Я вірю, що терапія потрібна вашому чоловікові, але, напевно, якщо в нього є стільки проблем, а ви далі з ним у стосунках і не можете з цим усім упоратися, то і вам треба зрозуміти, чому саме.

— Я з усім можу впоратися. Просто йому треба до психотерапевта. Скажіть мені, що я маю з ним робити.

Моя відповідь:

— Я не знаю.

Неможливо взяти і змінити когось. Я розумію, що іноді за таким діалогом стоїть величезна драма. Це може бути і насильство, і коханки, і багато всього різного. Не пробуйте змінювати свого партнера, ідіть у терапію.

Іншого разу ця сама жінка дзвонить і каже:

— Я його вмовила! Він прийде.

І ось він приходить. Після знайомства я ставлю звичне запитання:

— Як ваші справи?

— Нормально, — наче робить послугу, що говорить зі мною.

— Чого прийшли?

— Ну, та жінка сказала, то я й прийшов. У мене взагалі-то немає проблем, а вона хвора на всю голову, чесне слово. Це їй тут треба сидіти.

Зрозуміло, що й у таких випадках за допомогою різних методик можна з нього щось витягнути, і терапія дасть результати. Але зазвичай це марна трата часу.

Аналогічна ситуація з підлітками, яких приводять у терапію. Вони приходять і кажуть:

— Ну, мама сказала прийти, я прийшов — і далі скролить інстаграм.

І тоді я кажу мамі:

— Мамо, давайте ви сьогодні тут попрацюєте.

Класична відповідь мами:

— Вилікуйте мою дитину, ви ж бачите, що в мене все гаразд.

Я не маю дару яснобачення. І чесно зізнаюся, я не зчитую людей з першого погляду, у кого які проблеми.

Ще одне поширене питання:

— Алло, доброго дня, хочу записатися до вас.

— Добре, на травень.

— Дякую, я згоден почекати. А ви точно мені допоможете?

Терапевти — не Чіп і Дейл. Єдине, що вони роблять, — перебувають з вами в процесі роботи над собою і показують, що правильно, а що — не дуже. Але ніхто не вирішить ваших проблем. Я хочу зняти німб з голови психотерапевта. Ніхто з них вас не врятує.

Ще один приклад про річ, яка гальмує терапію. Клієнт:

— Давайте так: оце питання ми вирішуємо, а ось це — ми не чіпаємо. Ми не ліземо ні в яке дитинство, а вирішуємо теперішнє питання.

Я погоджуюся. Ми продовжуємо розмову і зрештою все одно приходимо до того питання, яке намагався відкласти клієнт. Але клієнт наполягає не торкатися цієї частини життя. І тоді моя позиція: якщо ви не хочете працювати самі із собою, то й мені немає сенсу працювати. І немає іншого виходу.

Родичі, друзі, сімейні пари, колеги

Психотерапевт не повинен брати в терапію людей, тісно пов'язаних між собою, наприклад, чоловіка і дружину, якщо це не сімейна терапія. Причина в тому, що кожен з них розраховує на довіру і стосунки від терапевта, а між ними конфлікт, і тоді терапевт стає його заручником.

Не варто брати в терапію своїх родичів, бо зрештою ви всі зустрінетеся десь на сімейному святкуванні.

Із цих самих причин ми не беремо в терапію колег.

Терапія — складний емоційний процес, і ніхто не хоче бачити за своїм обіднім столом людину, яка знає всі його страхи. Також терапевт має зберігати нейтралітет — а це неможливо, коли він утягнутий у будь-які емоційні процеси поза терапією.

Чи роблять терапевти винятки? Якщо й так, то часто про це шкодують, бо навіть добра терапія може зруйнувати партнерські чи родинні емоційні зв'язки. Якщо вам здається, що ця людина вас знає, добре вас зрозуміє, то вам не потрібно, щоб вона вас розуміла аж так сильно — для цього є інша людина, з якою ви зустрічаєтеся в кабінеті раз на тиждень і якої ви, за найкращих умов, ніколи не бачите деінде.

Інколи ми запевняємо себе, що в цьому немає нічого страшного, але так буває лише до моменту зустрічі в позатерапевтичній ситуації — якщо ця ситуація ще й конфліктна, то в нас виникає багато опору і злості на свого горе-терапевта, бо ми маємо від нього очікування, яких він не може задовольнити як ваш родич чи ваш колега.

Інколи такі випадки призводять до руйнування дружби, партнерства й навіть сім'ї. Тож це правило таки непорушне.

Речі, про які ми боїмося запитати у психотерапевта

Найчастіше це: «Я не розумію, що ми робимо. Але він — терапевт, тому я його слухаюся». З позиції когнітивно-поведінкової психотерапії скажу: ви мусите розуміти, що робите. Терапевт може і має вам усе пояснити, у тому немає секрету. Якщо ви експериментуєте, то терапевт має вас про це попередити. Наприклад, у мене була пацієнтка, з якою ми на кожній сесії малювали — і так минали всі наші сеанси. Це був наш експеримент, бо зазвичай я не малюю з клієнтами. Але ми говорили про це, пояснювали, чому малюємо — і тоді процес був зрозумілим, а терапія мала результати.

Наступне. Коли терапія триває вже довго, рік чи два — і ви не бачите змін, то варто про це запитати. Інколи може здаватися, що таким чином ви образите його, бо сумніваєтеся в його методі. Це проблема. Якщо ви не можете говорити з терапевтом про стосунки між вами, тоді навряд чи взагалі у вас є процес терапії. Якщо, навпаки, терапевт став для вас аж такою важливою персоною і через такі питання ви боїтеся його втратити, варто замислитися, чи ви не зайшли в залежні стосунки. Ви можете говорити з терапевтом про страх втрати, можете питати, куди рухається і чи взагалі рухається; його завдання — освітлювати шлях, і обговорення цього шляху також є частиною процесу.

Закоханість у терапевта. Насправді, зазвичай ви закохуєтеся в людину, яка приділяє вам увагу, слухає вас, а не в особистість психотерапевта. Ви закохуєтеся в образ. Усе дуже просто: ви завжди в одних і тих самих обставинах — терапевт увесь ваш і належить лише вам. Інколи нам так бракує цього в реальному житті, тож ми хочемо, щоб це тривало довше, тому ідеалізуємо ці стосунки, думаючи, що і поза терапією терапевт буде таким само уважним і мудрим. Але це лише наша фантазія. Найкраще, що ви можете зробити в цьому випадку: поговорити зі своїм терапевтом про це. Не переживайте, що ви закохалися. Зізнайтеся в цьому терапевтові. Зазвичай, коли ви зможете це обговорити, разом з терапевтом ви зможете також знайти причину такої закоханості і це допоможе зрозуміти, що ідеалізація — це не зовсім кохання.

Чи може психотерапевт закохатися у клієнта / клієнтку? Звісно, може. І в такому разі він зобов'язаний зупинити терапію.

Чи ходять психотерапевти до своїх терапевтів? Бігом біжать!

Супервізори — це психотерапевти, які допомагають іншим психотерапевтам зрозуміти їхні стосунки з клієнтами, проблемні ситуації самих клієнтів, побачити ситуацію збоку, вони діляться власним досвідом і допомагають психотерапевтам відрізнити власні емоції від емоцій клієнта.

Інколи терапевти збираються на *інтервізії* — зустрічі психотерапевтів, на яких анонімно обговорюються складні випадки, щоб допомогти терапевтові доповнити картину терапії, знайти рішення у складних ситуаціях, розібратися з власними переживаннями.

Нагадую, що терапія — це комплексний процес, і інколи терапевтам потрібна допомога, щоб не застрягнути разом з клієнтом у його непростій історії.

Стосунки між клієнтом і психотерапевтом

Ми вже знаємо, що це не кохання. Про це йшлося вище. І не дружба. Ми не зібралися випити пива, підтримати одне одного й поговорити про життя (я, звісно, дуже спрощую тут поняття дружби просто для самого факту). Це теплі, добрі стосунки, які будуються для того, щоб одна людина допомогла іншій зрозуміти й пізнати себе. Психотерапевти справді співпереживають своїм клієнтам, але вони не виносять це за межі терапії. І це дуже важливо розуміти.

Ще одне незручне питання: чи терапевт завжди знає, що робить? Ні. Не завжди. Є загальні протоколи, але людина — таке складне й багатогранне явище, що жоден протокол не може вирішити всіх питань. Інколи терапевт стикається із ситуацією, коли не знає, що робити далі. Він може проговорювати це з клієнтом.

Я так багато говорю про стосунки, що мені можна дорікнути: а коли ж про лікування? Хочу наголосити: терапія неможлива, якщо у вас немає стосунків з терапевтом. Перша ознака успішної терапії — добрі взаємини: я довіряю цій людині, я впевнений у цій людині або, що теж дуже важливо, я не довіряю і я не впевнений, але вчуся довіряти і бути впевненим.

Конфронтація

У терапії ми часто провокуємо своїх клієнтів, виводимо зі стану рівноваги. Усі люблять перебувати в зоні комфорту. Терапевт мусить розхитати вас у цій позиції, щоб побачити все, що ховається за масками зони комфорту. Пам'ятайте: терапевти не хочуть вас принизити, знецінити чи бути кращими за вас, і, якщо ви відчуваєте будь-що з переліченого, скажіть про це.

Історії після терапії

Психотерапевти зазвичай не живуть історіями клієнтів після терапії. Робота закінчується о 18:00, після цього починається їхня історія.

Терапія онлайн

Якщо ви живете в тому ж місті/містечку, де мешкає терапевт, то онлайн-терапія небажана. Ваш процес потрапляння в кабінет — це теж підготовка до сеансу, що неможливо відтворити, якщо ви на роботі перейшли в інший кабінет. Але якщо немає варіантів, то онлайн-терапія теж можлива. Якщо є стосунки.

Бог

Наостанок усієї книжки — одне з найважливіших питань. Чи вірять терапевти в Бога? Якщо так — то чи можуть до них іти люди, які не ототожнюють себе з вірою саме в цього Бога чи в будь-якого інакшого? Якщо ні, не вірить — то чи можуть до них іти люди, що визначають себе як християни, мусульмани чи будь-які інші віряни?

Відповідь: так. Якщо це підходить самому клієнтові. Терапевти можуть вірити або не вірити в будь-якого Бога і до них можуть приходити люди, що мають власний духовний досвід, пов'язаний з будь-якою релігією чи її відсутністю. Віра терапевта залишається частиною його ідентичності, віра клієнта — частиною його. При тому ми можемо будувати стосунки.

Віра — одна з найважливіших частин життя багатьох людей. І якщо ми не можемо про неї говорити зі своїм терапевтом — то який сенс будувати такі стосунки? Наша особиста віра тісно переплетена з нашою культурою, з нашим дитинством, з усім нашим життєвим досвідом. І привносити її в терапію — означає робити цю терапію багатшою і осмисленішою для нас. Часто терапевт також може допомогти розібратися з тим, чому і де ми застрягаємо у власних питаннях віри. Звісно, він може це робити лише з позицій психології.

Чого не може робити психотерапевт: нав'язувати віру, знецінювати віру, піддавати її сумнівам, лякати вірою. Терапевт лише торкається до вашої віри, хай якою вона є, і разом з вами освітлює шлях, аби ви могли краще її зрозуміти, але не пропонує лікування вірою, не лякає гріхами й покараннями, не сміється над складними питаннями, пов'язаними з вашою ідеєю Бога. Він супроводжувач, але не наставник.

Я переконаний, що кожен клієнт має право на власні цінності, свій духовний і емоційний досвід — і жоден терапевт не має стати суддею цього досвіду і не може нав'язувати свій духовний досвід, хай яким переконаним він у ньому є.

Психотерапія — це професія, що має чітко визначену доказову базу й професійну канву. Якщо терапевт виходить за її межі всупереч межам самого клієнта, він перестає виконувати роль того, хто освітлює шлях, і перетворюється на того, хто цей шлях формує, — а це велика небезпека.

Здається, цього разу все, але не все — про психотерапію. Дякую вам, що дочитали до цього абзаца, і сподіваюся, що ми з вами на одній хвилі. До зустрічі.

Подяки

Я був не сам у написанні цієї книжки. Ці люди були поруч зі мною в моменти моїх сумнівів, тривог, а також у миті смакування радості від писання. Без вас це була б інша книжка, тому я радію, що ви є.

Дякую своїй дружині **Марії**. Ти одним поглядом можеш розсіяти всі мої сумніви, і я завжди знаю, що для тебе це так само важливо, як і для мене.

Дякую **Яремі** і **Лукії**, які своїм природним хистом дитинства вчать мене втрачати суперконтроль і бути відкритим до сюрпризів щодення.

Дякую **Оксані Винярській**. Ти навчила мене бути психотерапевтом. Я вдячний тобі за чесність і за дружбу — це мої знаки якості в усьому, що я роблю.

Дякую «Лабораторії змін» — **Катерині Ковалишин, Божені Мартиненко** і **Юлії Кунті**. Ми створили місце, де психотерапія перетворюється на реальність.

Дякую своїм **клієнтам**. Навчатись у вас — це основна школа психотерапії.

Дякую **Марті Дрик** за лист, який вона погодилась опублікувати в цій книжці. І хоч цей лист — результат великої печалі, я вірю, що багатьом іншим людям він може допомогти усвідомити й прийняти реальність трагічної втрати.

Дякую видавництву «Віхола»: **Ілоні Замоцній, Ользі Дубчак, Наталії Шнир, Вікторії Шелест, Ірині Щепіній, Марині Захарчук.** Тепер я знаю, як це все відбувається, і вдячний, що ви показали мені процес видання книжки і що завдяки вам ця книга може зустрітися зі своїм читачем.

Купуючи цю книжку, ви долучаєтесь до системної допомоги підрозділу аеророзвідників бригади «Чорний ліс», які виконують бойові завдання на передовій лінії фронту. Підрозділ виявляє важливі та цінні цілі противника і допомагає артилерії влучно й ефективно їх знищувати.

6 гривень із кожної книжки видавництва «Віхола», надрукованої у друкарні «Коло», будуть передані на закупівлю БПЛА і РЕБ-систем для підрозділу та забезпечення поточних потреб військовослужбовців.

Популярне видання

Серія «Психологія»

Станчишин Володимир
Стіни в моїй голові. Жити з тривожністю і депресією

Видання 2-ге, виправлене

Літературна редакторка *Ольга Дубчак*
Коректорка *Інна Іванюсь*
Верстальниця *Оксана Паламаренко*
Дизайнерка обкладинки *Олена Каньшина*
Художня редакторка Вікторія Шелест
Головна редакторка *Ольга Дубчак*

Підписано до друку 28.05.2024
Формат 84×108/32
Цифрові шрифти *Rolleston Text, Arial*

Друк офсетний.
Наклад 10 000 прим.
Ум.-друк. арк. 11.
Зам. № К–0372

Видавець ТОВ «Віхола»,
а/с 68, м. Київ, 03189.
Свідоцтво про внесення до Державного
реєстру видавців ДК №7318 від 12.05.2021.
www.vikhola.com

Термін придатності необмежений.

Віддруковано ПП «Коло», вул. Бориславська, 8,
м. Дрогобич, 82100.
Свідоцтво суб'єкта видавничої справи
ДК № 498 від 20.06.2001.
www.kolodruk.com